定年からの生活マニュアル

矢野輝雄 著

緑風出版

はじめに

定年からの生活マニュアル

　「高齢社会白書・2005年版」（内閣府）によると、日本の総人口は2004年10月1日現在で1億2769万人ですが、65歳以上の高齢者は2488万人で総人口に占める割合（高齢化率）は19.5％を占めるまでになっています。将来の高齢化率の予測では、2015年には26.0％、2035年には30.9％に達するものと予測されています。

　「厚生労働白書・2004年版」によると、日本人の平均寿命は、1947年では男が50.06歳、女が53.96歳であったものが、2002年には男が78.32歳、女が85.23歳と大幅に延びてきています。2002年の平均余命は、男の65歳では、17.96年、女の65歳では22.96年と発表されています。

　更に、いわゆる団塊の世代（1947年～1949年にかけて生まれた第一次ベビーブーム時代に生まれた世代）の人口は約1,000万人といわれていますが、団塊の世代の人たちの60歳定年退職は目前に迫っています。

　定年退職後の長い期間を安心して過ごすためには、老後の年金の制度、健康保険制度、介護保険制度などの社会保険制度の理解が必須のことといえます。本書では、これらの社会保険制度のほかに、雇用保険の制度、定年後の税金、相続の仕組み、遺言書の書き方についても説明することとしました。

　本書が定年後の充実した豊かな老後の設計に役立つことを期待しています。

2005年8月　　　　　　　　　　　　　　　　　　　　　　　　　　著者

第1章

定年後の年金は、どのようになるのですか

- **Q 1** 定年後の年金の制度は、どのようになっていますか ……………… 11
- **Q 2** 国民年金の基礎年金の制度は、どのようになっていますか .. 15
- **Q 3** 定年後の老後の年金が支給される要件は、どのようになっていますか …………… 20
- **Q 4** 定年後の老後の年金の支給額は、どのようになっていますか …………… 24
- **Q 5** 定年後の老後の年金の支給を受ける手続は、どうするのですか …………… 32
- **Q 6** 定年後の老後の年金は、再就職した場合には、どうなりますか …………… 35
- **Q 7** 定年後の雇用保険の失業給付と老齢年金は、二重に受給できますか …………… 38
- **Q 8** 定年後に死亡した場合の遺族への年金は、どうなりますか .. 40
- **Q 9** 障害年金は、どんな仕組みになっているのですか ……………… 46

第2章

定年後の健康保険・雇用保険・介護保険は、どのようになりますか

- **Q10** 定年後の健康保険は、どのようになりますか ……………………… 53
- **Q11** 老人保健の医療制度は、どのようになっていますか ……………… 61
- **Q12** 定年後の雇用保険は、どのようになっていますか ……………… 63
- **Q13** 失業給付の基本手当を受けるには、どうするのですか ………… 66

- Q14 介護保険の制度とは、どんなものですか……69
- Q15 介護保険制度を利用するには、どんな手続が必要ですか……73
- Q16 介護保険で受けられるサービスは、どのようになっていますか……81
- Q17 介護サービスを提供する事業者は、どのようになっていますか……85

第3章
定年後の税金は、どのようになりますか
91

- Q18 定年退職した場合の退職金にかかる税金は、どのようになりますか……93
- Q19 年金にかかる税金は、どのようになりますか……96
- Q20 相続税の仕組みは、どのようになっていますか……98
- Q21 贈与税の仕組みは、どのようになっていますか……103
- Q22 生命保険金にかかる税金は、どのようになりますか……108
- Q23 住民税は、どのようになっていますか……110

第4章
相続の仕組みは、どのようになっていますか
113

- Q24 相続とは、どういうことですか……115
- Q25 相続人の範囲は、どのようになっているのですか……118
- Q26 代襲相続とは、どういうことですか……122
- Q27 相続人から除外される場合は、どんな場合ですか……126
- Q28 各相続人の相続分は、どのようになるのですか……130
- Q29 遺留分とは、どういうことですか……134
- Q30 特別受益者と寄与者の相続分は、どのようになりますか……138

- Q31 相続財産の範囲は、どのようになっているのですか……141
- Q32 遺産の分割は、どのようにするのですか……145
- Q33 遺産分割の協議は、どのようにするのですか……148
- Q34 相続の承認と放棄の制度は、どのようになっているのですか……154
- Q35 相続の限定承認の制度は、どのようになっているのですか 157
- Q36 遺贈とは、どういうことですか……159
- Q37 相続に関する家庭裁判所への申立は、どのようにするのですか……161

第5章

遺言書の書き方は、どのようにするのですか

169

- Q38 遺言の仕方には、どのような種類がありますか……171
- Q39 遺言ができる事項には制約がありますか……174
- Q40 自筆証書の遺言書の作り方は、どのようにするのですか……176
- Q41 公正証書の遺言書の作り方は、どのようにするのですか……180
- Q42 秘密証書の遺言書の作り方は、どのようにするのですか……184
- Q43 遺言書の保管は、どうするのですか……186
- Q44 遺言執行者は、どんなことをするのですか……188
- Q45 遺言の撤回は、どのようにするのですか……191
- Q46 遺言書の検認と開封とは、どんなことですか……194
- Q47 特別方式の遺言とは、どういうことですか……196

巻末資料

199

- **巻末資料1** 老齢給付裁定請求書書式……201
- **巻末資料2** 遺族給付裁定請求書書式……202

巻末資料3 障害給付裁定請求書書式 …………………………… 203
巻末資料4 老人保健・医療受給者証書式 ………………………… 204
巻末資料5 介護保健・要介護等・認定申請書書式 ……………… 206
巻末資料6 介護保健・主治医意見書書式 ……………………… 207
巻末資料7 介護保健・認定調査票書式 ………………………… 209
巻末資料8 相続放棄申述書の書式 ……………………………… 210
巻末資料9 相続の限定承認の申述書の書式 …………………… 212
巻末資料10 遺言書検認申立書の書式 …………………………… 214

第1章●
定年後の年金は、どのようになるのですか

Q1 定年後の年金の制度は、どのようになっていますか

1 定年後の公的年金

　定年後の公的年金は、下図のように国民年金に上乗せして民間会社に勤務するサラリーマンは厚生年金、公務員は共済年金を受給することになります。厚生年金と共済年金は年金の仕組みや年金額の計算の仕方は同様になりますが、厚生年金の場合は厚生年金基金に加入している会社のサラリーマンに限り厚生年金基金の加算があり、公務員の共済年金には職域年金部分の加算があります。

　厚生年金や共済年金に加入していない専業主婦や自営業者などは国民年金のみが支給されますが、自営業者などが国民年金基金に加入している場合はそれが加算されます。

　公的年金制度の仕組みは、次のようになっています。

※ 厚生年金基金	職域年金部分		
厚生年金	共済年金		※ 国民年金基金
国民年金 （基礎年金）	国民年金 （基礎年金）	国民年金 （基礎年金）	国民年金 （基礎年金）
2号被保険者 民間会社のサラリーマン	2号被保険者 公務員	3号被保険者 2号被保険者に扶養されている配偶者	1号被保険者 自営業者など

　※印の加算は、その制度に加入している場合に限り支給されます。2号被保険者（民間会社のサラリーマンや公務員）は国民年金に厚生年金または共済年金が上乗せして支給され、更に厚生年金には厚生年金基金に加入している場合に限り3階部分として加算され、公務員には全員に職域年金部分が3階部分として加算されます。3号被保険者（専業主婦など）と1号被保険者（自営業者など）は国民年金だけが支給されますが、1号被保

険者が国民年金基金に加入している場合に限り上乗せして支給されます。

2　国民年金の被保険者の種類

　国民年金の被保険者（加入者）は、保険料の納め方の違いから次の3種類に分けられています。

(1)　1号被保険者とは、20歳以上60歳未満の個人の自営業者、農林漁業者、学生、無職（定年退職者）などの2号被保険者または3号被保険者に該当しない者をいいます。保険料は加入者本人が直接全額を国（社会保険庁）に納付します。1号被保険者は国民年金の基礎年金しか受給することができません。60歳前に退職し無職となる場合は1号被保険者となります。例えば、57歳とか58歳で早期退職し無職になる場合には、必ず1号被保険者となる手続をする必要があります。20歳から60歳までは国民年金に全員が強制加入することになっており、加入しないと加入期間の不足から将来の年金が受給できなくなる場合もあり、年金額が少なくなります。退職者の妻が専業主婦であった場合は、妻も3号被保険者から1号被保険者に変わりますから、必ず1号被保険者となる手続をします。

(2)　2号被保険者とは、70歳未満の厚生年金保険の被保険者や共済組合の加入者をいいます。保険料は加入者と雇用主とが折半で負担します。保険料の中には国民年金分が含まれています。保険料の納付手続は雇用主が行います。2号被保険者には、加入している厚生年金保険または共済組合から国民年金の基礎年金に上乗せして年金が支給されます。

(3)　3号被保険者とは、2号被保険者の20歳以上60歳未満の被扶養配偶者（専業主婦のように被保険者に扶養されている配偶者）をいいます。保険料は2号被保険者の負担する保険料に含まれていますから、別に納付する必要はありません。専業主婦のような3号被保険者も、夫が定年退職した時に60歳未満の場合は1号被保険者となり自分で保険料を納付することになります。60歳前に退職した夫

自身も、60歳に達するまで1号被保険者となり自分で保険料を納付することになります。国民年金の1号被保険者の加入手続は住所地の市町村役場で自分で行います。

3　年金の種類

年金には、次のような種類がありますが、加入していた年金制度によって受給できる年金の種類が異なります。厚生年金と共済年金の仕組みは、同様になっていますので、以下には、断りのない限り厚生年金について説明します。

(1)　厚生年金制度からの給付

> ①　60歳以上65歳未満の間の特別支給の老齢厚生年金
> ②　65歳からの老齢厚生年金（老齢基礎年金と同時に支給されます）
> ③　遺族厚生年金
> ④　障害厚生年金

(2)　共済年金制度からの給付

> ①　60歳以上65歳未満の間の特別支給の退職共済年金
> ②　65歳からの退職共済年金（老齢基礎年金と同時に支給されます）
> ③　遺族共済年金
> ④　障害共済年金

公的年金は、各年金制度加入者の①老齢、②死亡、③障害の3つのいずれかの原因が生じた場合に支給されることとされていますが、例えば、老齢年金と障害年金のように2つ以上の年金を同時に受けられる場合でも「1人1年金の原則」によって、いずれか1つを選択して受給することとされ

ています。

　ただ、例外として、老齢厚生年金と老齢基礎年金（国民年金からの老齢給付）のように同一の支給事由の場合には、一体の年金として併せて受給することができます。遺族厚生年金と老齢基礎年金も例外として併せて受給することができます。

Q2 国民年金の基礎年金の制度は、どのようになっていますか

1 国民年金の基礎年金の制度

　日本に住所のある20歳以上60歳未満の者は、すべて国民年金の制度に強制的に加入することとされています。国民年金の被保険者は、保険料の納付の仕方の違いからQ1で述べたように①1号被保険者、②2号被保険者、③3号被保険者の3種類に分けられています。

(1)　1号被保険者とは、個人の自営業者、農林漁業者、学生、自由業（弁護士、行政書士、作家など）、無職などの2号被保険者や3号被保険者に該当しない者をいいます。1号被保険者の保険料は、加入者本人が直接全額を国に納付します。1号被保険者は、国民年金の基礎年金しか受給することができません。

(2)　2号被保険者とは、民間会社のサラリーマンや公務員のような給与所得者をいいます。保険料は給与から天引きされますが、国民年金分が含まれています。2号被保険者には、国民年金の基礎年金に上乗せして厚生年金や共済年金が支給されます。70歳まで被保険者となります。

(3)　3号被保険者とは、2号被保険者の20歳以上60歳未満の被扶養配偶者をいいます。保険料は2号被保険者の保険料に含まれていますから、別に保険料を納付する必要はありません。例えば、夫が定年退職時に60歳未満の妻は、60歳に達するまで1号被保険者として保険料を納付する必要があります。夫が60歳未満で退職した場合は、夫も1号被保険者として保険料を納付する必要があります。

2 国民年金の種類

　国民年金は、加入者の①老齢、②死亡、③障害の3つのいずれかの原因

が生じた場合に①老齢基礎年金、②遺族基礎年金、③障害基礎年金のいずれかが支給されます。2号被保険者には、これらの基礎年金に上乗せして①老齢厚生年金（退職共済年金）、②遺族厚生年金（遺族共済年金）、③障害厚生年金（障害共済年金）が支給されます。

1号被保険者	2号被保険者	2号被保険者	3号被保険者
	厚生年金	共済年金	
国民年金 （基礎年金）	国民年金 （基礎年金）	国民年金 （基礎年金）	国民年金 （基礎年金）
自営業者、農林漁業者、学生など （2237万人）	民間会社のサラリーマン （3214万人）	公務員など （471万人）	専業主婦など （1124万人）

※加入者数は平成15年3月末現在

3　老齢基礎年金

老齢基礎年金は、次のように支給されます。

(1)　老齢基礎年金を受給するためには、「保険料納付済期間＋保険料免除期間＋厚生年金・共済組合・船員保険の加入期間＋任意加入制度の時期に任意加入しなかった期間」の合計期間が25年以上あることが必要です。ただし、坑内員・船員その他の特例により短縮される場合があります。

(2)　20歳以上60歳未満の間の40年間加入した者には満額の老齢基礎年金として、年額794,500円（平成17年度・月額では66,208円）が65歳から支給されます。加入月数が40年未満の場合は未加入期間に応じて減額されます。

(3)　1号被保険者の期間中に付加保険料（月額400円）を支払った者は、200円×付加保険料の納付月数により計算した年額が加算されます。例えば、付加保険料を40年（480月）支払うと、192,000円となりますが、付加年金は毎年200円×480月＝96,000円支給され

ます。2年間支払った場合は、400円×24月＝9600円となり、付加年金は200円×24月＝4800円となりますから、年金を2年以上受給した場合は得になります。

(4) 老齢基礎年金は、本来、65歳から支給されますが、支給開始を60歳以上65歳未満の間から繰り上げて減額された年金を受給することもできます。反対に、70歳まで支給開始を繰り下げて増額された年金を受給することもできます。いずれが有利かは生存年数により異なります。

(5) 年金の支給日は2カ月に1回、偶数月の15日（その日が土曜・日曜・祝日の場合は各前日）となっています。

4 遺族基礎年金

遺族基礎年金は、次のように支給されます。

(1) 遺族基礎年金を受給できる場合は、老齢基礎年金の受給者や国民年金の被保険者が死亡した場合に死亡した者によって生計を維持されていた、①18歳に達する日以後の最初の3月末日までにある子（1級2級の障害者は20歳未満の子）または、②そのような子のある妻（内縁を含む）に支給されます。しかし、(a)保険料を納付すべき期間の3分の2以上納付していることまたは、(b)死亡前1年間に滞納（納付期限までに納付しないこと）のないことが必要です。もし、滞納があっても3分の2以上納付していれば、(a)に該当するので支給されます。

(2) 子のいる妻が遺族の場合の年金は、次のようになります（平成17年度）。

妻について、794,500円（年額）

子の2人目までは1人について、228,600円（年額）

子の3人目以降は1人について、76,200円（年額）

（例えば、子1人のいる妻には年額1,023,100円が支給されます）

(3) 子だけが遺族の場合の年金は、次のようになります。

　　　　子の1人目について、794,500円（年額）
　　　　子の2人目について、228,600円（年額）
　　　　子の3人目以降は1人について、76,200円（年額）

5　障害基礎年金
障害基礎年金は、次のように支給されます。
(1)　障害基礎年金を受給できる場合は、老齢基礎年金の受給者や国民年金の被保険者が傷病（病気や怪我）により障害認定日（初診日から1年6カ月経過した日またはその間の治った日）に1級または2級の障害の状態にある場合に支給されます。しかし、(a)保険料を納付すべき期間の3分の2以上納付していることまたは、(b)初診日前1年間に滞納のないことが必要です。
(2)　障害基礎年金の年額は、次のようになります（平成17年度）。
　　①　1級の障害の場合は、993,110円（年額）＋子の加算額
　　　　（1級の障害の年金額は、2級の障害の年金額の1.25倍）
　　②　2級の障害の場合は、794,500円（年額）＋子の加算額
　　③　子の加算額は、子の2人目までは1人について、228,600円（年額）子の3人目以降は1人について、76,200円（年額）
(3)　障害基礎年金の受給者は、障害の程度に変更があった場合は、変更の手続をする必要があります。更に、年1回の現況届によって変更をする場合もあります。

6　国民年金の保険料
国民年金の保険料は、次のようになっています。
(1)　平成12年度以降は月額13,300円とされていましたが、平成17年度から平成29年度にかけて毎年月額280円ずつ引き上げることとし、平成29年度以降は月額16,900円で固定するとしています。従って、平成17年度の月額は13,580円とされています。
(2)　1号被保険者は、受取年金額を増やすために月額400円の付加保

険料を納付して老齢基礎年金の支給開始後、年金として200円×払込月数（年額）を受給できます。年金受給後2年を経過すると有利になります。

(3) 保険料の納付が経済的に困難な場合は、申請により保険料の全額免除・半額免除を受けることができる場合があります。学生には申請により在学中の保険料を後払いできる「学生納付特例制度」があります。この特例の認められる所得は、前年の所得が「118万円＋（扶養親族の数×38万円）」以下であることが要件になっています。平成17年度から親と同居している30歳未満の若年者には申請により最長10年間の保険料納付猶予制度が施行されました。

Q3 定年後の老後の年金が支給される要件は、どのようになっていますか

1 老齢厚生年金の支給開始年齢

　老齢厚生年金（退職共済年金も同じ）の支給開始年齢は、本来は65歳からですが、現在は、60歳以上65歳未満の間にも「特別支給の老齢厚生年金」または「報酬比例部分相当額の老齢厚生年金」が次のように支給されます。昭和16年4月1日以前に生まれた男性または昭和21年4月1日以前に生まれた女性の支給開始年齢は60歳とされていましたが、それ以降に生まれた者は、段階的に支給開始年齢が引き上げられます。

　60歳以上65歳未満の間の特別支給の老齢厚生年金の金額は、本来、「報酬比例部分＋定額部分」となっていますが、受給者の生年月日によって一部しか受給することができない仕組みになっています。報酬比例部分とは、在職中の給与額によって計算される年金額をいい、定額部分とは、加入期間に応じて計算される年金額をいいます。

　　　本来の特別支給の老齢厚生年金 ＝ 報酬比例部分 ＋ 定額部分

(1)　男性の場合の特別支給の老齢厚生年金（報酬比例部分＋定額部分）は、次のように段階的に支給開始年齢が引き上げられ、満額の年金の支給開始年齢は次の右側の年齢になります。

　　65歳までは（　）内の年齢から報酬比例部分または定額部分の全部または一部が支給されます。

　　昭和24年4月2日以降に生まれた者は、定額部分はなくなり、更に、報酬比例部分も段階的に支給開始年齢が引き上げられます。

生年月日	満額支給開始年齢
昭和16年4月1日以前に生まれた者 （報酬比例部分、定額部分とも60歳から）	60歳支給開始
昭和16年4月2日～昭和18年4月1日に生まれた者 （報酬比例部分60歳から、定額部分61歳から）	61歳支給開始
昭和18年4月2日～昭和20年4月1日に生まれた者 （報酬比例部分60歳から、定額部分62歳から）	62歳支給開始
昭和20年4月2日～昭和22年4月1日に生まれた者 （報酬比例部分60歳から、定額部分63歳から）	63歳支給開始
昭和22年4月2日～昭和24年4月1日に生まれた者 （報酬比例部分60歳から、定額部分64歳から）	64歳支給開始
昭和24年4月2日～昭和28年4月1日に生まれた者 （報酬比例部分60歳から、定額部分なし）	65歳支給開始
昭和28年4月2日～昭和30年4月1日に生まれた者 （報酬比例部分61歳から、定額部分なし）	65歳支給開始
昭和30年4月2日～昭和32年4月1日に生まれた者 （報酬比例部分62歳から、定額部分なし）	65歳支給開始
昭和32年4月2日～昭和34年4月1日に生まれた者 （報酬比例部分63歳から、定額部分なし）	65歳支給開始
昭和34年4月2日～昭和36年4月1日に生まれた者 （報酬比例部分64歳から、定額部分なし）	65歳支給開始
昭和36年4月2日以降に生まれた者 （報酬比例部分なし、定額部分なし）	65歳支給開始

(2) 女性の場合の特別支給の老齢厚生年金（報酬比例部分＋定額部分）も、5年遅れで（男性の場合の生年月日に5年を加える）、上記1と同様に段階的に支給開始年齢が引き上げられます。

生年月日	満額支給開始年齢
昭和21年4月1日以前に生まれた者 （報酬比例部分、定額部分とも60歳から）	60歳支給開始
昭和21年4月2日～昭和23年4月1日に生まれた者 （報酬比例部分60歳から、定額部分61歳から）	61歳支給開始
昭和23年4月2日～昭和25年4月1日に生まれた者 （報酬比例部分60歳から、定額部分62歳から）	62歳支給開始
昭和25年4月2日～昭和27年4月1日に生まれた者 （報酬比例部分60歳から、定額部分63歳から）	63歳支給開始
昭和27年4月2日～昭和29年4月1日に生まれた者 （報酬比例部分60歳から、定額部分64歳から）	64歳支給開始
昭和29年4月2日～昭和33年4月1日に生まれた者 （報酬比例部分60歳から、定額部分なし）	65歳支給開始
昭和33年4月2日～昭和35年4月1日に生まれた者 （報酬比例部分61歳から、定額部分なし）	65歳支給開始
昭和35年4月2日～昭和37年4月1日に生まれた者 （報酬比例部分62歳から、定額部分なし）	65歳支給開始
昭和37年4月2日～昭和39年4月1日に生まれた者 （報酬比例部分63歳から、定額部分なし）	65歳支給開始
昭和39年4月2日～昭和41年4月1日に生まれた者 （報酬比例部分64歳から、定額部分なし）	65歳支給開始
昭和41年4月2日以降に生まれた者 （報酬比例部分なし、定額部分なし）	65歳支給開始

(3) 男性も女性も特別支給の老齢厚生年金（報酬比例部分＋定額部分）の全部または一部を受給した場合でも、65歳からは「老齢厚生年金＋老齢基礎年金」に変わります。この年金額が特別支給の老齢厚生年金の額より少なくなる場合は、その分が加算され減額されること

はありません。

2　老齢厚生年金の受給資格期間

老齢厚生年金（退職共済年金も同じ）を受給することができる要件（資格）は、次のいずれかの要件を満たした者などに限られます。

> ① 厚生年金の被保険者期間、共済組合の加入期間、両者の合計期間のいずれかが20年以上あること
> ② 男性40歳以降、女性35歳以降、船員・坑内員35歳以降に厚生年金の被保険者期間が15年以上あること
> ③ 厚生年金、共済組合、国民年金の加入期間の合計が25年以上あること（原則）

上の国民年金の加入期間の計算には、保険料の半額免除期間、全額免除期間、カラ期間（国民年金の任意加入に加入しなかった期間）も含まれます。加入期間の計算は複雑ですから、近くの社会保険事務所に「年金手帳」を持参して加入期間を確認しておく必要があります。生年月日により受給資格期間が異なるからです。「年金手帳」を紛失した場合は、住所地の社会保険事務所で再交付を受けておく必要があります。共済組合加入者は、その共済組合に照会します。

Q4 定年後の老後の年金の支給額は、どのようになっていますか

1 特別支給の老齢厚生年金

60歳以上65歳未満の間の特別支給の老齢厚生年金は、本来は、①定額部分＋②報酬比例部分＋③加給年金額の3つを加算した額となります。しかし、Q2で述べた通り、昭和16年4月2日以降に生まれた男性または昭和21年4月2日以降に生まれた女性については、段階的に支給開始年齢が引き上げられています。更に、昭和36年4月2日以降に生まれた男性または昭和41年4月2日以降に生まれた女性については、特別支給の老齢厚生年金は廃止され、65歳からの「老齢厚生年金＋老齢基礎年金」だけの支給になります。

年金の支給額は従来から全国消費者物価指数によって変更されていましたが、年金法の改正によって平成17年度からは「マクロ経済スライド」によって年金額を変更するように大幅な改定が行われました。マクロ経済スライドとは、現役世代の平均所得の上昇率から労働力人口の減少率と平均余命の延び率分を控除して年金額をスライドさせることをいいます。

国の試算では、老齢年金の給付水準については、保険料水準固定方式（最終的な保険料率を年収の18.3％で固定）により調整を行い、標準的なモデル世帯（夫は厚生年金に40年加入し平均的な年収を受け、妻は専業主婦で満額（40年加入）の基礎年金を受けると仮定した場合）の厚生年金の受給月額は次のようになると想定されています。

平成16年度 23.3万円（現役世代男性の賃金月額39.3万円の59.3％）
（夫婦2人の老齢基礎年金13.2万円＋夫の厚生年金の報酬比例部分

10.1万円＝23.3万円）
平成35年度 23.2万円（現役世代男性の賃金月額46.2万円の50.2％） （夫婦2人の老齢基礎年金13.1万円＋夫の厚生年金の報酬比例部分10.1万円＝23.2万円）
平成62年度 31.1万円（現役世代男性の賃金月額61.9万円の50.2％） （夫婦2人の老齢基礎年金17.6万円＋夫の厚生年金の報酬比例部分13.5万円＝31.1万円）

　上の国による標準的なモデル世帯において、老齢年金の支給額を現役世代の男性平均賃金の50％以上を将来にわたり確保することとしています。この場合の保険料率は、年金法改正時の平成16年10月前の13.58％を平成16年10月から毎年0.354％ずつ引き上げて平成29年9月に最終的な保険料率を18.3％（いずれも労使折半）で固定するとしています。

2　特別支給の老齢厚生年金の年金額

　特別支給の老齢厚生年金の年金額は、次の計算式により計算されます。実際に自分の受取年金額を計算する場合には、在職中の平均標準報酬月額（給与額から計算する月給の平均額）のデータが必要になりますが、この計算は実際には困難ですから、最寄りの社会保険事務所へ「年金手帳」を持参して計算をしてもらう必要があります。社会保険事務所に出向くことができない場合は、郵便で照会することもできますが、その場合には①年金手帳の年金番号、②照会事項（例えば、加入月数、年金受給見込額）、③照会者の氏名・住所・生年月日・電話番号を記載した照会書を住所地の社会保険事務所長あてに郵送して照会をします。共済組合加入者は、その共済組合に照会します。

特別支給の老齢厚生年金の年金額＝①定額部分＋②報酬比例部分＋③加給年金額
①　定額部分とは、年金制度への加入月数に応じて計算する部分で65歳以降は老齢基礎年金に変わります。在職中の給与額に関係のない部分です。

② 報酬比例部分とは、在職中の給与額に応じて計算をする部分です。
③ 加給年金額とは、扶養している配偶者や子がいる場合の加算額をいいます。

(1) **定額部分**は、次のように計算します。

定額部分＝1676円×被保険者期間の月数×生年月日に応じた率×物価スライド率

① 被保険者期間の月数の上限は、次のようになっています。

昭和4年4月1日以前に生まれた者は、420月（35年）
昭和4年4月2日〜昭和9年4月1日の間に生まれた者は、432月（36年）
昭和9年4月2日〜昭和19年4月1日の間に生まれた者は、444月（37年）
昭和19年4月2日〜昭和20年4月1日の間に生まれた者は、456月（38年）
昭和20年4月2日〜昭和21年4月1日の間に生まれた者は、468月（39年）
昭和21年4月2日以降に生まれた者は、480月（40年）

② 生年月日に応じた率は、昭和2年4月1日生まれ以前の者を1.875とし年齢の若い者ほど小さくなって昭和21年4月2日生まれ以後の者は1.000となります。次表のA欄の数字を用います。

生年月日	A	B	C
昭和2年4月1日以前	1.875	1.000	0.7692
昭和2年4月2日〜昭和3年4月1日	1.817	0.986	0.7585
昭和3年4月2日〜昭和4年4月1日	1.761	0.972	0.7477
昭和4年4月2日〜昭和5年4月1日	1.707	0.958	0.7369
昭和5年4月2日〜昭和6年4月1日	1.654	0.944	0.7262

期間		
昭和6年4月2日～昭和7年4月1日	1.603	0.931	0.7162
昭和7年4月2日～昭和8年4月1日	1.553	0.917	0.7054
昭和8年4月2日～昭和9年4月1日	1.505	0.904	0.6954
昭和9年4月2日～昭和10年4月1日	1.458	0.891	0.6854
昭和10年4月2日～昭和11年4月1日	1.413	0.879	0.6762
昭和11年4月2日～昭和12年4月1日	1.369	0.866	0.6662
昭和12年4月2日～昭和13年4月1日	1.327	0.854	0.6569
昭和13年4月2日～昭和14年4月1日	1.286	0.841	0.6469
昭和14年4月2日～昭和15年4月1日	1.246	0.829	0.6377
昭和15年4月2日～昭和16年4月1日	1.208	0.818	0.6292
昭和16年4月2日～昭和17年4月1日	1.170	0.806	0.6200
昭和17年4月2日～昭和18年4月1日	1.134	0.794	0.6108
昭和18年4月2日～昭和19年4月1日	1.099	0.783	0.6023
昭和19年4月2日～昭和20年4月1日	1.065	0.772	0.5938
昭和20年4月2日～昭和21年4月1日	1.032	0.761	0.5854
昭和21年4月2日以降	1.000	0.750	0.5769

③　物価スライド率は、平成12年度を1.000とし全国消費者物価指数の変動した率を基準として年金額を改定するために乗じる数値をいいます。平成17年度の物価スライド率は0.988となっています。

(2)　**報酬比例部分**は、次の(1)+(2)の合計額になります。

> (1)（総報酬制導入前の被保険者期間分）＝平均標準報酬月額×報酬比例部分の乗率（表のB欄）×平成15年3月までの被保険者期間の月数×1.031×物価スライド
> (2)（総報酬制導入後の被保険者期間分）＝平均標準報酬額×報酬比例部分の乗率（表のC欄）×平成15年4月以降の被保険者期間の月数×1.031×物価スライド率

①　総報酬制とは、平成15年4月から導入された賞与についても

保険料の対象とする新制度をいいます。

② (1)の平均標準報酬月額とは、平成15年3月までの被保険者期間の標準報酬月額（給与額から計算する月給の平均額）の平均ですが、現在の賃金水準に比べて著しく低い過去の標準報酬月額は再評価率を乗じて計算をし直します。この計算は困難ですので、実際の各人の受取年金額は「年金手帳」を持参して最寄りの社会保険事務所で計算してもらいます。

(2)の平均標準報酬額とは、平成15年4月以降の標準報酬月額と賞与額との合計を月数を割った額をいいます。

③ 報酬比例部分の乗率は、(a)総報酬制導入前の平成15年3月以前の加入期間と、(b)その後の加入期間とで異なります。(1)の計算には表のB欄を使用し、(2)の計算には、表のC欄を使用します。

④ 被保険者期間の月数は、報酬比例部分の計算では実際の加入月数の合計となり、定額部分のような上限はありません。

(3) **加給年金額**（年額）は、次のような場合に支給されます。

① 加給年金額は、厚生年金保険の被保険者期間が20年（男子40歳以後または女子・坑内員・船員の35歳以後なら特例により19年〜15年）以上ある場合に、(a)65歳未満の被扶養配偶者（扶養されている配偶者）、(b)18歳に達する日以後の最初の3月31日までの間にある子（1級2級の障害者は20歳未満の子）がある場合に支給されます。加給年金の対象者は年金受給権を取得した時点を基準として判断されますが、例外として胎児は既に生まれたものとして対象になります。

加給年金額（平成17年度の年額）

被扶養配偶者	228,600円（年額）
子2人までは1人につき	228,600円（年額）
子3人目から1人につき	76,200円（年額）

昭和9年4月2日以降に生まれた受給者に被扶養配偶者（扶養されている配偶者）がいる場合は、次の「配偶者加給年金の特別加算額（年額）」が加算されます。

受給者の生年月日	加算額
昭和9年4月2日～昭和15年4月1日	33,700円
昭和15年4月2日～昭和16年4月1日	67,500円
昭和16年4月2日～昭和17年4月1日	101,300円
昭和17年4月2日～昭和18年4月1日	135,000円
昭和18年4月2日以降	168,700円

② 被扶養配偶者（扶養されている配偶者）と認定されるには、生計同一の認定基準（家計を同一にしていること）と収入の認定基準（年収850万円未満であること）の二つの要件を満たす必要があります。

③ 被扶養配偶者が65歳に達すると被扶養配偶者自身の老齢基礎年金が支給されますから加給年金の支給は打ち切られます。しかし、昭和41年4月2日前に生まれた被扶養配偶者にはその老齢基礎年金に配偶者の年齢に応じて次表の通り年額15,300円から228,600円の間で加算（振替加算）されます。例えば、昭和20年4月2日生まれのサラリーマンに専業主婦の妻と18歳未満の子1人がいる場合は、次のようになります。

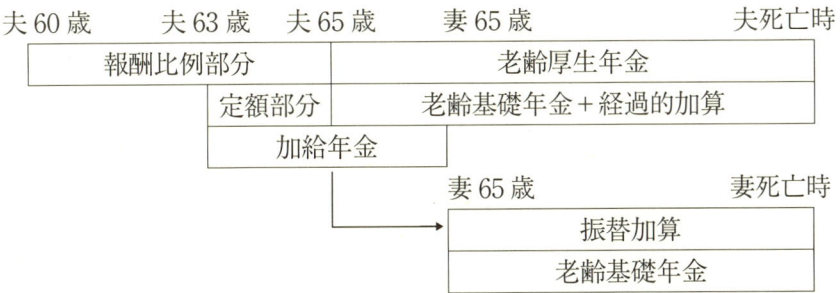

上図の通り、昭和20年4月2日生まれの者は、特別支給の老齢厚生年金の満額支給開始は63歳からとなり、被扶養配偶者（専

業主婦）や18歳未満の子のいる場合は加給年金（この場合は228,600円×2人）が支給されます。妻が65歳に達して自分の老齢基礎年金を受給する時に加給年金は妻の老齢基礎年金に振替加算として上乗せして支給されます。その振替加算の年額は配偶者の年齢に応じて次表の通りになります。

配偶者の生年月日	振替加算の年金額(平成17年度)
昭和2年4月1日以前	228,600円
昭和2年4月2日～昭和3年4月1日	222,400円
昭和3年4月2日～昭和4年4月1日	216,500円
昭和4年4月2日～昭和5年4月1日	210,300円
昭和5年4月2日～昭和6年4月1日	204,100円
昭和6年4月2日～昭和7年4月1日	198,200円
昭和7年4月2日～昭和8年4月1日	192,000円
昭和8年4月2日～昭和9年4月1日	185,900円
昭和9年4月2日～昭和10年4月1日	179,900円
昭和10年4月2日～昭和11年4月1日	173,700円
昭和11年4月2日～昭和12年4月1日	167,600円
昭和12年4月2日～昭和13年4月1日	161,600円
昭和13年4月2日～昭和14年4月1日	155,400円
昭和14年4月2日～昭和15年4月1日	149,300円
昭和15年4月2日～昭和16年4月1日	143,300円
昭和16年4月2日～昭和17年4月1日	137,200円
昭和17年4月2日～昭和18年4月1日	131,000円
昭和18年4月2日～昭和19年4月1日	125,000円
昭和19年4月2日～昭和20年4月1日	118,900円
昭和20年4月2日～昭和21年4月1日	112,700円
昭和21年4月2日～昭和22年4月1日	106,800円
昭和22年4月2日～昭和23年4月1日	100,600円
昭和23年4月2日～昭和24年4月1日	94,400円
昭和24年4月2日～昭和25年4月1日	88,500円
昭和25年4月2日～昭和26年4月1日	82,300円

昭和 26 年 4 月 2 日～昭和 27 年 4 月 1 日	76,100 円
昭和 27 年 4 月 2 日～昭和 28 年 4 月 1 日	70,200 円
昭和 28 年 4 月 2 日～昭和 29 年 4 月 1 日	64,000 円
昭和 29 年 4 月 2 日～昭和 30 年 4 月 1 日	57,800 円
昭和 30 年 4 月 2 日～昭和 31 年 4 月 1 日	51,900 円
昭和 31 年 4 月 2 日～昭和 32 年 4 月 1 日	45,700 円
昭和 32 年 4 月 2 日～昭和 33 年 4 月 1 日	39,500 円
昭和 33 年 4 月 2 日～昭和 34 年 4 月 1 日	33,600 円
昭和 34 年 4 月 2 日～昭和 35 年 4 月 1 日	27,400 円
昭和 35 年 4 月 2 日～昭和 36 年 4 月 1 日	21,300 円
昭和 36 年 4 月 2 日～昭和 41 年 4 月 1 日	15,300 円
昭和 41 年 4 月 2 日以降	0 円

3　特別支給の老齢厚生年金を受給した場合

　60歳以上65歳未満の間の特別支給の老齢厚生年金を受給した場合でも、65歳からは「老齢厚生年金＋老齢基礎年金」を受給することになります。65歳に達すると特別支給の老齢厚生年金の定額部分が老齢基礎年金に変わりますが、一般に老齢基礎年金の額が少なくなりますから、その差額を経過的加算として支給することとしています。従って、特別支給の老齢厚生年金の年金額が減額になることはありません。

60歳　　　　　　　　　　　　　　65歳　　　　　　　　　　　　　　死亡時

特別支給の老齢厚生年金	報酬比例部分	老齢厚生年金
	定額部分	老齢基礎年金＋経過的加算

（受給者に被扶養配偶者や子のいる場合は、加給年金額が加算されます）

Q5 定年後の老後の年金の支給を受ける手続は、どうするのですか

1 特別支給の老齢厚生年金を受給するためには

　60歳から65歳未満の間の特別支給の老齢厚生年金を受給するためには、受給する権利が発生した後、「老齢給付裁定請求書」用紙（巻末資料1）に必要事項を記載して所定の添付書類とともに住所地の社会保険事務所（在職中の場合は事業所の所在地を管轄する社会保険事務所）に提出する必要があります。裁定請求書の用紙は社会保険事務所で無料で交付を受けられます。特別支給の老齢厚生年金の受給者が「65歳からの老齢厚生年金」を受給する場合には、裁定請求書に代わる社会保険庁から送付される書面に署名・押印するだけの簡単な手続で済みます。

　各種共済組合の加入期間のある場合や特別支給の退職共済年金を受給するには、それぞれの共済組合に裁定請求書を提出する必要があります。請求に必要な記入用紙は各共済組合から無料で交付を受けられます。

　どの種類の年金でも受給手続をするには、必ず「裁定請求書」を社会保険事務所または共済組合に提出する必要があります。裁定とは、年金受給権が存在することを確認する行為をいいます。

2 「老齢給付裁定請求書」を作成するには

　特別支給の老齢厚生年金を受給するための「老齢給付裁定請求書」を作成するには、次の書類と請求者の印鑑（認め印）を準備します。

(1) 年金を受ける本人の年金手帳または被保険者証および基礎年金番号通知書
(2) 配偶者のある場合は配偶者の年金手帳または被保険者証および基礎年金番号通知書
(3) 年金を受ける本人とその戸籍の全員の分かる戸籍謄本（受給権の

発生する本人の誕生日以降に交付を受けたもの)
- (4) 年金を受ける本人とその同居家族全員の分かる住民票写し（受給権の発生する本人の誕生日以降に交付を受けたもの）
- (5) 年金を受ける本人名義の預金通帳（年金の受取りに使う預金通帳）
- (6) 配偶者のある場合は配偶者の所得証明書（所得が0の場合も必要で、市区町村役場の住民税係で交付を受ける）
- (7) 加入していた年金制度別の勤務先名と各加入期間（加入日と脱退日）のメモ
- (8) 雇用保険被保険者証または雇用保険受給資格者証、船員失業保険証
- (9) 他の公的年金（例えば、共済年金）を受給している場合は、その年金証書
- (10) 他の公的年金の加入期間のある場合は、その加入期間確認通知書

なお、遺族年金や障害年金の裁定請求書を提出する場合には、その他に必要な書類がありますが、各裁定請求書に必要書類が表示されています。

3 裁定請求書

裁定請求書は年金受給権が発生した後に提出しますが、提出した後、2～3カ月して年金証書や年金裁定通知書が送付されてきます。年金は受給権が発生した月の翌月分から支給され、偶数月の15日（土曜・日曜・祝日の場合は、その前日）に2カ月分ずつ指定の金融機関の口座に入金されます。

裁定請求書の作成から年金受取までの流れは次のようになります。
- (1) 裁定請求書の作成に必要な書類の準備（前記2の書類）
- (2) 年金受給権の発生後、社会保険事務所に裁定請求書を提出
- (3) 社会保険事務所・社会保険庁で裁定請求書の審査
- (4) 裁定請求書の提出後、2～3カ月して年金証書、年金裁定通知書、年金振込通知書（支払通知書）が社会保険庁から送付される
- (5) 指定した金融機関の口座で年金受領

なお、年金の受給開始後は、毎年、年金受給者の誕生月に「年金受給者現況届」用紙の葉書が社会保険庁から送付されますから、その現況届（葉書）に必要事項を記入して誕生月の末日までに社会保険庁へ返送します。この手続を怠ると年金の支給が停止されます。この葉書は、いわば生存していることの証明書というわけです。

4　年金給付を受ける権利

厚生年金などの年金給付を受ける権利は、年金法の規定では、その支給事由が生じた日から5年を経過したときは時効によって権利が消滅することとされています。しかし、現在の実務の取扱は、5年を経過した後に裁定請求をした場合でも、裁定請求時から遡って5年分は支給することとしています。

例えば、特別支給の老齢厚生年金の受給権が60歳に達した時に発生した場合、8年後の68歳で裁定請求をした場合には、裁定請求時から遡って5年分は支給されますが、その前の3年分は時効消滅したので支給しないという取扱をしています。

60歳	63歳	65歳	68歳で裁定請求
3年分は時効消滅	68歳前の5年分支給		

年金給付を受ける権利は、①裁定請求により確認された年金を受けることのできる基本的な権利（基本権）と、②その基本権に基づいて具体的に毎期の年金を受けることのできる権利（支分権）とに区別することができます。①の基本権は年金法の規定により5年の消滅時効にかかり、②の支分権は会計法の規定により5年の消滅時効にかかります。①の基本権がなぜ消滅時効にかからないのか不明ですが、実務では、裁定請求が遅延した事由を記載した書面を添付すれば、5年経過後でも裁定請求書は受理されます。

Q6 定年後の老後の年金は、再就職した場合には、どうなりますか

1　60歳以上65歳未満の間に再就職をした場合

　60歳以上65歳未満の間に再就職をして厚生年金保険の被保険者となった場合は、在職老齢年金の制度により、①総報酬月額相当額（標準報酬月額に標準賞与額の12の1を加えた額）と、②基本年金月額（報酬比例部分と定額部分の合計月額）によって次の通り年金月額が減額されます。

(1)　総報酬月額相当額と基本年金月額の合計が28万円以下の場合
　受取年金額＝全額支給（基本年金月額の全額）

(2)　総報酬月額相当額が48万円以下で、基本年金月額が28万円以下の場合
　受取年金額＝基本年金月額－（総報酬月額相当額＋基本年金月額－28万円）×2分の1

(3)　総報酬月額相当額が48万円以下で、基本年金月額が28万円を超える場合
　受取年金額＝基本年金月額－（総報酬月額相当額×2分の1）

(4)　総報酬月額相当額が48万円を超え、基本年金月額が28万円以下の場合
　受取年金額＝基本年金月額－（48万円＋基本年金月額－28万円）×2分の1－（総報酬月額相当額－48万円）

(5)　総報酬月額相当額が48万円を超え、基本年金月額が28万円を超える場合
　受取年金額＝基本年金月額－（48万円×2分の1）－（総報酬月額相当額－48万円）

① 上の計算式により計算した結果が0またはマイナスとなる場合は、年金の支給が停止されます。

② 上の基本年金月額には厚生年金基金部分も含みますが、加給年金は含みません。加給年金は受取年金額が支給停止となった場合は、全額が支給停止となります。

③ 上の計算式により計算した在職老齢年金額の例は次のようになります。

　(a) 総報酬月額相当額15万円、基本年金月額10万円の場合は、全額支給

　(b) 総報酬月額相当額20万円、基本年金月額12万円の場合は、10万円支給

　(c) 総報酬月額相当額20万円、基本年金月額20万円の場合は、14万円支給

　(d) 総報酬月額相当額30万円、基本年金月額20万円の場合は、9万円支給

　(e) 総報酬月額相当額38万円、基本年金月額20万円の場合は、5万円支給

　(f) 総報酬月額相当額50万円、基本年金月額20万円の場合は、0（支給停止）

2　65歳以上70歳未満の間に再就職をした場合

　65歳以上70歳未満の間に再就職をして厚生年金保険の被保険者となった場合（平成14年4月から被保険者期間が70歳未満にまで引き上げられた）は、在職老齢年金の制度により、①総報酬月額相当額（標準報酬月額に標準賞与額の12の1を加えた額）と、②基本年金月額（老齢厚生年金部分の月額）によって次の通り年金月額が減額されます。

(1) 総報酬月額相当額と基本年金月額の合計が48万円以下の場合

> 受取年金額＝全額支給（基本年金月額の全額）
> (2) 総報酬月額相当額と基本年金月額の合計が48万円を超える場合
> 受取年金額＝基本年金月額－〔（基本年金月額＋総報酬月額相当額－48万円）×2分の1〕

① 上の基本年金月額には厚生年金基金部分や加給年金は含みません。
② 上の計算式により計算した結果が0またはマイナスとなる場合は、年金の支給が停止されます。
③ 上の老齢厚生年金部分とは、老齢基礎年金を除いた部分をいいます。老齢基礎年金は全額支給されます。
④ 平成14年4月1日以前に65歳に達している者（昭和12年4月1日以前に生まれた者）が老齢厚生年金を受給している場合には支給停止は行われません。

3 減額や支給停止

「在職」中の老齢厚生年金が減額されたり支給停止となるのは、厚生年金保険の被保険者である間に限られますから、定年後に個人の自営業や自由業（弁護士、行政書士、税理士など）をする場合には収入に関係なく年金の減額や支給停止はありません。

60歳以上70歳未満の間に会社に再就職した場合でも、アルバイトのように厚生年金保険の被保険者とならない場合には、年金の減額や支給停止はありません。自分の会社を作って常勤役員になった場合には、会社に使用される者として厚生年金保険の被保険者となりますが、非常勤の役員は被保険者になりませんから、非常勤役員なら年金の減額や支給停止はありません。

Q7 定年後の雇用保険の失業給付と老齢年金は、二重に受給できますか

1 定年後の雇用保険の失業給付と老齢厚生年金

　定年後に雇用保険の失業給付と60歳以上65歳未満の間の特別支給の老齢厚生年金を受給することができる資格がある場合でも、両方を二重に受給することはできません。平成10年3月末日までに特別支給の老齢厚生年金の受給権が発生した者は、従来通り二重に受給することができましたが、平成10年4月1日以降に特別支給の老齢厚生年金や報酬比例部分相当額の老齢厚生年金の受給権が発生した者は、失業給付を受けない場合に限り老齢年金を受給することができます。老齢年金の裁定請求書には雇用保険の被保険者番号を記載して雇用保険の被保険者証の写しも添付することとされています。老齢年金の裁定請求書は受給資格が発生している場合は社会保険事務所に提出することができますが、公共職業安定所に求職の申込みをして雇用保険の失業給付の基本手当を受給することができる期間は、老齢年金の支給が停止されるのです。

2 老齢年金の支給停止の方法

　老齢年金の支給停止の方法は、次のように行われます。
(1) 　特別支給の老齢厚生年金の受給権者が雇用保険法により公共職業安定所で求職の申込をした場合は、求職申込日の属する月の翌月から失業給付の基本手当を受給することができる期間（離職の翌日から原則として1年間）または基本手当の所定給付日数（最大で330日）が満了した日の属する月までの期間について年金の支給が停止されます。
(2) 　基本手当の支給対象となった日が1日もない月については年金が支給されます。

(3) 失業の認定日や給付制限の有無によって同じ日数分の基本手当を受けた者でも支給停止月数が異なる場合がありますから、その場合には調整されます。

3 雇用保険の高年齢雇用継続給付制度

　平成10年4月1日以降に受給権が発生した在職中の特別支給の老齢厚生年金の受給者が、雇用保険の高年齢雇用継続給付制度（60歳以上65歳未満の雇用保険の被保険者で5年以上の被保険者期間のある者が、60歳時点の賃金の75％未満で雇用された場合に、高年齢雇用継続給付金として60歳以後の賃金の最高15％が支給される制度）の高年齢雇用継続給付が受けられる間は、その者の標準報酬月額に応じて在職老齢年金の一部が支給停止となります。

60歳以降の雇用継続

賃金75％未満に減額　　　　　　　　　　　　　　　　　　　　65歳

在職老齢厚生年金（標準報酬月額の6％以内で減額）
＋（併給）
高年齢雇用継続給付

　在職中に60歳以上65歳未満の間の特別支給の老齢厚生年金を受給している者が高年齢雇用継続給付を受給する場合には、在職老齢厚生年金の減額のほかに、雇用継続による賃金の減額割合に応じて標準報酬月額（給与額）の6％の範囲内で年金も減額されるのです。

Q8 定年後に死亡した場合の遺族への年金は、どうなりますか

1 定年後に死亡した場合の遺族厚生年金

定年後に死亡した場合に老齢厚生年金の受給者の一定範囲の遺族へは遺族厚生年金が支給されます。遺族厚生年金は、次の(1)(2)(3)のいずれかに該当する厚生年金保険の被保険者または被保険者であった者が死亡した場合に、死亡した者によって生計を維持されていた、①妻（年齢は関係なし）、②55歳以上の夫、③18歳に達する日以後の最初の3月末日までの間にある子（1級2級の障害者は20歳未満の子）、④55歳以上の父母、⑤18歳に達する日以後の最初の3月末日までの間にある孫（1級2級の障害者は20歳未満の孫）または、⑥55歳以上の祖父母に支給されます。

> (1) 老齢厚生年金の受給者またはその受給資格期間を満たした者
> (2) 1級または2級の障害厚生年金の受給権者
> (3) 厚生年金保険の被保険者または被保険者資格喪失後でも被保険者期間中に初診日のある傷病で初診日から5年以内に死亡した者。ただし、死亡の前日に遺族基礎年金と同様の保険料納付要件（納付すべき期間の3分の1以上または死亡前1年間に滞納のないこと）が必要です。

2 遺族厚生年金を受給することができる遺族の範囲と受給順位

遺族厚生年金を受給することができる遺族の範囲と受給順位は、次のようになっています。いずれも、死亡した者によって生計を維持されていた者に限られます。

第1順位	配偶者（妻の場合は年齢は問わないが、夫の場合は55歳以上の者） 子（18歳に達する日以後の最初の3月末日までの間にある子または1級2級の障害者は20歳未満の子） ※ 妻と子の場合は妻に支給され子は支給停止 ※ 夫と子の場合は子に支給され夫は支給停止
第2順位	父母（55歳以上の場合に限る）
第3順位	孫（18歳に達する日以後の最初の3月末日までの間にある孫または1級2級の障害者は20歳未満の孫）
第4順位	祖父母（55歳以上の場合に限る）

(1) 配偶者には、婚姻の届け出はしていないが、事実上婚姻関係と同様の事情にある者（内縁関係にある者）も含みます。年金関係の法律や健康保険法では、実質上は夫婦でありながら、婚姻届をしていない配偶者（内縁関係にあるもの）を法律上の婚姻関係にある者と同様に扱っています。

(2) 「死亡した者によって生計を維持されていた者」とは、死亡の当時、死亡者と生計を同じくし年収850万円以上を得られないと認められた者をいいます。

(3) 夫、父母、祖父母の場合は55歳以上の者に限られますが、支給開始は60歳からとなります。

(4) 遺族年金の支給順位は決まっており、最先順位の者にだけ支給されますが、最先順位の者が複数いる場合には均等割りになります。例えば、最先順位の子が2人いる場合には、各2分の1の金額を受けることになります。父母の場合も各2分の1となります。

3　遺族厚生年金の年金額の計算方法

遺族厚生年金の年金額は、次のように計算します。

(1) 遺族厚生年金の年金額は、「死亡者の老齢厚生年金の報酬比例部分の4分の3」に相当する額となります。定額部分または老齢基礎年金部分は対象となりません。死亡者に扶養されていた子のある妻

や子が遺族基礎年金を受給することができる場合には、「遺族基礎年金＋子の加算額」と併せて受給することができます。

(2) 報酬比例部分の年金額は、①死亡者の被保険者期間が25年（300月）未満の場合は300月とみなし、短期の場合の計算式（被保険者期間が300月未満の場合）により計算します。一方、②死亡者の被保険者期間の長さにかかわりなく、実際に加入した被保険者期間で計算することもできますが、この場合は長期の場合の計算式（実際の被保険者期間で計算する場合）により計算します。①でも②でも計算できる場合には、申出によって有利な計算式で計算することができます。いずれの場合でも、年金額を計算する場合には、被保険者であった者（死亡者）の平均標準報酬月額や平均標準報酬額の金額が必要になりますから、最寄りの社会保険事務所のコンピュータで計算をしてもらう必要があります。

4　遺族厚生年金の年金額

遺族厚生年金の年金額は、遺族が誰であるかによって次のように異なります。夫に対する加算はありません。

> ①　子のある妻＝報酬比例部分の4分の3＋遺族基礎年金＋子の加算額
> ②　子＝報酬比例部分の4分の3＋遺族基礎年金＋2人目以降の子の加算額
> ③　子のない中高齢の妻＝報酬比例部分の4分の3＋中高齢寡婦加算（寡婦とは未亡人のこと）
> ④　その他（①②③以外）＝報酬比例部分の4分の3（子のいない③以外の妻）

(1) 中高齢寡婦(かふ)加算は、夫死亡時に35歳以上65歳未満で、遺族基礎年金が支給されない妻に40歳以上65歳未満の間、遺族厚生年金に加算されて支給されます。ただし、長期の遺族厚生年金の場合には死亡者の厚生年金保険の被保険者期間が20年（特例の場合は15年）以上あることが必要です。中高齢寡婦加算の額は定額で、平成17年度は年額596,000円となっています。

(2) 中高齢寡婦加算の対象となる妻が65歳に達すると妻自身の老齢基礎年金が支給されるので中高齢寡婦加算はなくなりますが、中高齢寡婦加算に代えて昭和31年4月1日以前に生まれた妻の生年月日に応じて20,000円から596,000円までの間の金額が経過的寡婦加算として支給されます。昭和31年4月2日以降に生まれた妻には経過的寡婦加算はありません。

(3) 中高齢寡婦加算の対象となる妻が妻自身の老齢基礎年金が支給される65歳に達した時に、他の年金の受給権がある場合には、次のいずれかを選択することができます。最も有利なものを選択すればよいのです。

> ① 妻の老齢基礎年金全額＋妻の老齢厚生年金全額
> ② 妻の老齢基礎年金全額＋遺族厚生年金全額（遺族厚生年金は、夫の老齢厚生年金の4分の3相当額）
> ③ 妻の老齢基礎年金全額＋夫の老齢厚生年金の2分の1＋妻の老齢厚生年金の2分の1（夫の老齢厚生年金の2分の1＝遺族厚生年金の3分の2）

妻の老齢厚生年金が高額となる場合は①が有利になりますが、実際には社会保険事務所で試算してもらってから決定します。1人1年金の原則（異なる原因による年金は1人1年金しか受給できないとする原則）の例外となっています。

(4) 厚生年金も共済年金も両方が「長期」になる場合には、両方の遺

族年金を受給することができますが、両方が「短期」の場合には、いずれかを選択することになります。

(5) 妻が遺族厚生年金を受給できなくなる場合には、次の場合があります。
① 妻が再婚をした場合（事実婚、つまり内縁関係も含みます。Q7の2参照）
② 妻が死亡した場合
③ 妻が直系血族（父母、祖父母など）または直系姻族以外の者（配偶者の父母、祖父母など）の養子となった場合

(6) 子が遺族厚生年金を受給できなくなる場合には、次の場合があります。
① 子が18歳に達する日以後の最初の3月末日に達した場合（子が1級2級の障害者の場合は20歳に達した場合）
② 子が死亡した場合
③ 子が結婚した場合（事実婚、つまり内縁関係も含みます）
④ 子が1級2級の障害者の場合に障害等級に該当しなくなった場合
⑤ 子が直系血族または直系姻族以外の者の養子となった場合
⑥ 離縁により死亡した者との親族関係が終了した場合

(7) 子の加算額と遺族基礎年金額は、次のようになります（平成17年度）。

　子の加算額は、①子2人までは1人について年額228,600円、②子3人目以降は1人について年額76,200円となっています。また、遺族基礎年金額（基本額）は、子のいる妻または子のみの場合は年額794,500円となっています。遺族基礎年金の合計額は、次のようになります。
① 妻と子1人の場合は、794,500円＋228,600円＝1,023,100円（年額）となります。

② 妻と子2人の場合は、794,500円 + 228,600円 × 2 = 1,251,700円（年額）となります。
③ 妻と子3人の場合は、794,500円 + 228,600円 × 2 + 76,200円 = 1,327,900円（年額）となります。
④ 子1人だけの場合は、794,500円（年額）となります。
⑤ 子2人だけの場合は、794,500円 + 228,600円 = 1,023,100円（年額）となります。
⑥ 子3人だけの場合は、794,500円 + 228,600円 + 76,200円 = 1,099,300円（年額）となります。

　子のある妻と子だけの場合には、ほかに遺族厚生年金（報酬比例部分の4分の3）が支給されますが、子のない妻には遺族基礎年金は支給されず、遺族厚生年金（報酬比例部分の4分の3）が支給されます。しかし、40歳になると中高齢寡婦加算も併せて支給されます。

5　遺族厚生年金を請求する場合

　遺族厚生年金を請求する場合は、死亡者の最後の住所地を管轄する社会保険事務所に「遺族給付裁定請求書」（巻末資料2）を提出します。裁定請求書に添付する書類は裁定請求書用紙に記載されていますが、死亡した者の年金手帳、戸籍謄本、死亡診断書その他の書類を添付します。

Q9 障害年金は、どんな仕組みになっているのですか

1 障害年金の制度

障害年金の制度には、①障害厚生年金と、②障害基礎年金の制度がありますが、定年後の老齢厚生年金の受給中に障害者になった場合でも、公的年金の「1人1年金の原則」によって老齢厚生年金と障害厚生年金・障害基礎年金の両方を受給することはできません。

(1) 障害基礎年金の制度は、次のようになっています。

国民年金の被保険者である間、または被保険者資格喪失後の60歳以上65歳未満で日本に住んでいる間（仕事で外国暮らしをしている時に障害者となった場合、在職中であれば適用）に初診日のある傷病（病気や怪我）により、障害認定日（初診日から1年6カ月経過した日またはその期間内の治った日）に1級または2級の障害の状態にある場合に支給されます。ただし、次の保険料納付要件を満たす必要があります。

① 初診日の前日において初診日の属する月の前々月までの被保険者期間のうち保険料納付済期間と保険料免除期間の合計が3分の2以上あること（滞納期間が3分の1以上ないこと）

② 平成18年4月1日前（救済範囲を広げるための①の特例）に初診日のある傷病による障害については、①の要件を満たさなくても初診日の前日に初診日の属する月の前々月までの1年間に保険料の滞納がないこと

(2) 障害厚生年金の制度は、次のようになっています。

厚生年金の被保険者期間中に初診日のある傷病（病気や怪我）により障害認定日（初診日から1年6カ月経過した日またはその期間内の治った日）に、①1級または2級の障害の状態にある場合に障

害基礎年金と併せて支給されます。②3級の障害の状態にある場合は3級の障害厚生年金が支給されます。③初診日から5年以内に治り3級よりやや軽い障害が残った場合は、厚生年金保険独自の障害手当金（年金ではなく一時金）が支給されます。ただし、障害基礎年金の場合と同様の保険料納付要件を満たす必要があります。

障害者年金を請求する場合は、「障害給付裁定請求書」（巻末資料3）を住所地の社会保険事務所に提出します。

2　障害基礎年金が受給できる障害の程度

障害基礎年金が受給できる障害の程度は、最も重度の障害の等級の1級と次の等級の2級とされています。厚生年金（共済年金も）では、それよりも軽い3級の障害や3級よりも軽い程度の障害にも障害手当金（一時金）を支給することとしています。

重度←　　　　　　　　　　　　　　　　　　　　　→軽度

1級	2級	3級	障害手当金（一時金）
障害厚生年金・障害共済年金			
障害基礎年金			

障害の等級と障害の程度は政令で詳しく規定されていますが、例を示すと次のようになっています。

等　級	障害の程度（障害の状態の例）
1級	①　両眼の視力の和が0.04以下のもの ②　両耳の聴力レベルが100デシベル以上のもの ③　両上肢の機能に著しい障害を有するもの
2級	①　両眼の視力の和が0.05以上0.08以下のもの ②　両耳の聴力レベルが90デシベル以上のもの ③　平衡機能に著しい障害を有するもの
3級	①　両眼の視力の和が0.1以下に減じたもの ②　咀嚼または言語の機能に相当程度の障害を残すもの ③　一上肢の三大関節のうち二関節の用を廃したもの

障害手当金 （一時金）	① 両眼の視力の和が0.6以下に減じたもの ② 咀嚼または言語の機能に障害を残すもの ③ 一上肢の二指以上を失ったもの

3　障害基礎年金の年金額

障害基礎年金の年金額は、平成17年度では次のようになっています。

> 1級の障害＝年額993,100円（老齢基礎年金満額の1.25倍の定額）
> 2級の障害＝年額794,500円（老齢基礎年金満額の1.00倍の定額）
> 子の加算額＝子2人目までは1人につき年額228,600円
> 　　　　　　子3人目以降は1人につき年額76,200円

(1) 「子の加算額」の対象となる子とは、18歳に達する日以後の最初の3月末日までの間にある子または1級2級の障害者で20歳未満の子をいいます。

(2) 厚生年金保険や共済組合の加入期間中に初診日のある傷病によって障害認定日に1級または2級の障害の状態に該当する場合は、障害基礎年金に上乗せして厚生年金や共済年金が支給されます。この場合、1級または2級の障害者によって生計を維持されている65歳未満の配偶者がいる場合は、加給年金（年額228,600円）がつきます。

(3) 障害基礎年金の受給者に別の障害による受給権が発生した場合には、前後の障害を併せた障害の程度による一つの障害基礎年金が支給されます。

(4) 障害基礎年金の受給者の障害の程度に変更がある場合は、年金額が変更されます。

4　障害厚生年金の年金額

障害厚生年金の年金額は、平成17年度では次のようになっています。

> 1級の障害＝1級の障害厚生年金＋1級の障害基礎年金
> 2級の障害＝2級の障害厚生年金＋2級の障害基礎年金
> 3級の障害＝3級の障害厚生年金
> 3級の障害よりやや軽い障害＝障害手当金（一時金）
> 子の加算額＝子2人目までは1人につき年額228,600円
> 　　　　　子3人目以降は1人につき年額76,200円

(1) 「子の加算額」の対象となる子とは、18歳に達する日以後の最初の3月末日までの間にある子または1級2級の障害者で20歳未満の子をいいます。

(2) 厚生年金の加入期間中に初診日のある傷病によって障害認定日に1級または2級の障害の状態に該当する場合は、障害基礎年金に上乗せして厚生年金が支給されます。

(3) 障害厚生年金の金額は在職中の平均標準報酬月額と被保険者月数をもとに計算しますので、実際の受取年金額の計算は最寄りの社会保険事務所に申し出てコンピュータで行う必要があります。被保険者月数が少ない場合は受取年金額が少なくなりますので、最低は300月として計算します。障害手当金は一時金で、最低保障額は1,206,400円（平成17年度）とされています。

第2章●
定年後の健康保険・雇用保険・介護保険は、どのようになりますか

Q10 定年後の健康保険は、どのようになりますか

1　定年後の健康保険

　定年後に別の会社に再就職をして健康保険の被保険者になる場合は、その事業所の健康保険に加入しますが、それ以外の場合には、次のいずれかになります。

> ①　退職前の会社の健康保険組合または政府管掌健康保険の任意継続被保険者となる（公務員を退職した者は共済組合の任意継続組合員となる）
> ②　老齢年金の受給者は国民健康保険の退職被保険者となる
> ③　自分の会社を作って政府管掌健康保険の被保険者となる
> ④　健康保険の被保険者である自分の子などの被扶養者となる
> ⑤　以上のどれにも加入できない場合は国民健康保険の被保険者となる

　以上の中では④の家族の加入している健康保険の被保険者の被扶養者となるのが最も有利ですが、厳格な所得制限などがあり、次の2に述べる要件を満たす者に限られます。

2　被扶養者となることができる要件

　被扶養者となることができる要件は、次の通りです。
　被扶養者となれる場合は、自分の健康保険の保険料を支払わずに保険給付が受けられますから最も有利ですが、被扶養者となるには次の要件を満たす必要があります。
　(1)　被扶養者となることのできる者の範囲は、①健康保険の被保険者

の配偶者、父母、子、祖父母、兄弟姉妹などの3親等内の親族で、かつ、②主として被保険者によって生計を維持されている者とされています。

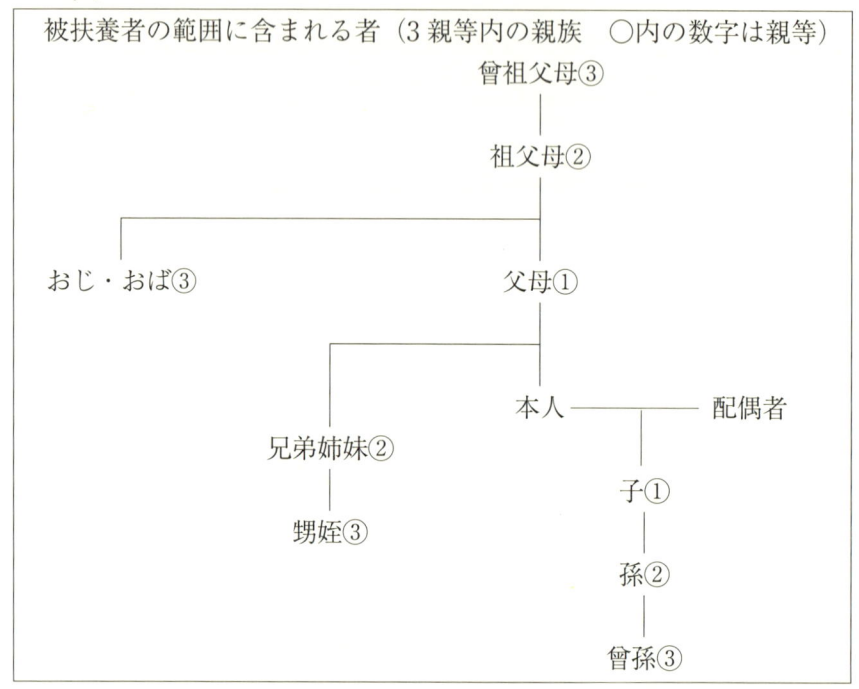

```
被扶養者の範囲に含まれる者（3親等内の親族　○内の数字は親等）

                       曾祖父母③
                          │
                        祖父母②
                          │
        ┌─────────────────┤
     おじ・おば③         父母①
                          │
                ┌─────────┤
             兄弟姉妹②    本人────────配偶者
                │         │
              甥姪③      子①
                          │
                         孫②
                          │
                         曾孫③
```

被扶養者になれる者は、主に被保険者の収入によって生計を維持されている者で、次の要件を満たす者に限られます。

① 被保険者の配偶者（戸籍上の婚姻届はしていないが、内縁関係として事実上婚姻関係にある者を含みます）、直系尊属（父母、祖父母、曾祖父母）、直系卑属（子、孫、曾孫）、兄弟姉妹、叔父・伯父・叔母・伯母、甥・姪、内縁関係にある者の父母と子、内縁関係にあった者の死亡後の父母と子の範囲に含まれていること。

② 被保険者との同一世帯の要件として、配偶者、父母、祖父母、曾祖父母、子、孫、弟妹以外の者は被保険者と同一世帯であること。

③ 被保険者による生計維持の要件として、被扶養者の年収が130万円未満（60歳以上の者や障害者は180万円未満）で、かつ、被

保険者本人の年収の2分の1未満であること。
(2) 被扶養者の認定を受けるには次の書類を提出することが必要です。
- (a) 被保険者の父母・祖父母の場合
  60歳未満の場合は非課税証明、課税証明または所得証明
  60歳以上の場合は年金証書写し（年金のないときは60歳未満に同じ）
- (b) 被保険者の配偶者の父母・祖父母の場合
  60歳未満の場合は非課税証明、課税証明または所得証明と住民票写し
  60歳以上の場合は年金証書写し（年金のないときは60歳未満に同じ）と住民票写し

被扶養者の範囲に含まれる者のうち、被保険者の配偶者、父母、祖父母、曾祖父母、子、孫、弟妹以外の者（例えば、被保険者の配偶者の父母・祖父母、兄姉）には、生計維持の関係のほかに同一世帯であることが必要とされますから、住民票写しの添付が必要になります。

被扶養者の認定を受けた場合には、健康保険の保険料の負担なしに保険給付（家族療養費）が受けられます。被扶養者となることができる場合は被保険者が「被扶養者（異動）届」を会社を経由して社会保険事務所または健康保険組合（公務員は共済組合）に提出します。

3 任意継続被保険者

任意継続被保険者となれる場合は、次のようになっています。
(1) 任意継続被保険者となるには、健康保険の被保険者資格が継続して2カ月以上ある者が退職日の翌日から20日以内に「健康保険任意継続被保険者資格取得申請書」を住所地を管轄する社会保険事務所（健康保険組合や共済組合の場合はその組合）に提出する必要があります。任意継続被保険者となれる期間は、退職時から2年間です。55歳以上で退職した場合は2年を過ぎても60歳まで被保険者となれる制度は、平成15年3月に廃止されましたので、ご注意下

さい。

(2) 任意継続被保険者となった場合の保険給付は、本人・家族とも7割給付（本人負担は3割）で在職中と同じですが、保険料は全額が自己負担となります。かつては、本人負担が通院・入院とも2割、被扶養者は通院3割・入院2割として国民健康保険より有利な制度になっていましたが、現在は、国民健康保険も本人負担は3割で同じです。従って、任意継続被保険者となるかどうかは保険料額によって決めることにします。

(3) 任意継続被保険者の保険料の基準は、本人の退職時の最終標準報酬月額（月給の平均額）か、政府管掌健康保険または健康保険組合の被保険者の標準報酬月額の平均額のいずれか低いほうの額となります。

(4) 任意継続被保険者が次のいずれかに該当した場合には、その被保険者資格を失います。

① 2年を経過したとき
② 保険料を指定された納付期限までに納付しなかったとき（保険料を滞納したとき）
③ 他の健康保険制度の被保険者となったとき
④ 死亡したとき

4　国民健康保険の退職被保険者

国民健康保険の退職被保険者となる場合は、次の通りです。

(1) 次の要件を満たす者は、75歳に達して老人保健制度の適用を受けるまで、国民健康保険の退職被保険者となります。ただし、退職被保険者本人には何らのメリットはないものの7割の保険給付の財源を国が負担することになります。退職被保険者本人は、他の一般の国民健康保険の被保険者と同様に本人負担は3割となりますから、何ら有利になる点はありませんが、財源が異なりますから、この制度の適用を受けます。

① 厚生年金・共済年金などの老齢年金の受給者で被保険者期間が20年（40歳以後なら10年および特例により短縮される者はその期間）以上ある者であること
② 退職していること
③ 国民健康保険に加入していること
④ 老人保健制度の適用を受けていないこと

(2) かつては、国保の退職被保険者本人は、通院2割、入院2割（一般は、通院・入院とも3割）と有利に扱われていました。

(3) 国民健康保険の保険給付の範囲は、一般の国民健康保険の被保険者と同様になります。本Q10の6の(4)を参照してください。

(4) 国民健康保険の保険料は、各自治体（市町村）の条例で定められますから、自治体によって計算方法や金額が異なっています。保険料の最高限度額（賦課限度額）も53万円以下で自治体によって異なっていますが、おおむね1世帯当たり（世帯主に納付義務があるため）50万円程度になっています。

5 政府管掌健康保険の被保険者

自分の会社を作って政府管掌健康保険の被保険者となる場合は次のようになります。

(1) 自分の会社を作って常勤役員になると会社に使用される者として健康保険の被保険者となります。専業主婦の配偶者がいる場合は被扶養者とすることができ、妻が60歳未満の場合は国民年金の第3号被保険者として国民年金の保険料の支払も不要です。妻が非常勤役員になる場合でも健康保険の被扶養者の要件に該当する報酬の場合は、被扶養者とすることができます。保険料を低額にするには、役員報酬を標準報酬月額の1等級（最低ランク）以下にすることが大切です。

(2) 会社が大きな事業をしない場合は、資本金の要らない合名会社か合資会社が適当です。300万円の資本金を準備できるなら有限会社でもかまいません。株式会社は1,000万円の資本金が必要なほかに運営手続が複雑ですから避けるべきです。ただし、平成17年6月29日に新しい「会社法」が制定され、会社の種類は①株式会社、②合名会社、③合資会社、④合同会社に変わります。新法の施行期日は未定ですが、平成18年度中には施行されるものとみられています。

6　いずれの健康保険制度にも加入できない者

いずれの健康保険制度にも加入できない者は、一般の国民健康保険の被保険者となります。

(1) 診療の保険給付は7割（本人負担は3割）で、退職被保険者や一般の健康保険の被保険者の場合と同じです。本人負担は原則として3割ですが、老人医療制度により75歳以上の場合は所得額により1割または2割とされています。

(2) この場合の保険料は、国民健康保険の退職被保険者の場合と同じですが、保険料額は各自治体の条例で定められており、所得、資産（土地・建物）、加入者世帯の加入者数などに応じて算出されます。

(3) 国民健康保険の保険料は、介護保険の2号被保険者（40歳から64歳までの人）の保険料（次のカッコ内）と併せて納付することとされています。保険料率は自治体によって異なりますが、次のような例（①から④の合計額）があります。

①	所得割額	100分の7.0	（介護保険分	100分の1.9）
②	資産割額	100分の26.9	（介護保険分	100分の8.4）
③	被保険者均等割額	29,100円	（介護保険分	8,000円）
④	世帯別平等割額	24,200円	（介護保険分	5,000円）
⑤	賦課限度額	53万円	（介護保険分	8万円）

以上によって計算することが適当でない所得の低い世帯については、申請により軽減をする制度があります。

(4) 国民健康保険の主な給付には、次のものがあります。

① 療養の給付として、診察、治療、薬・注射などの処置、手術、入院、在宅療養・訪問看護・訪問診療などがあります。本人負担は3割です。

② 入院時食事療養費は、本人負担は1日780円。ただし、低所得者は1日650円、500円または300円とされています。

③ 高額療養費（月額）は、次の本人負担限度額（月額）を超えて支払った場合は、申請により超えて支払った額が払い戻されます。

ア 一般は72,300円＋（医療費全額－241,000円）×1％。ただし、4回目以降の限度額は40,200円。例えば、医療費に100万円かかった場合は、72,300円＋（1,000,000円－241,000円）×1％＝79,890円を超えた額が払い戻し額になります。

イ 高額所得者（総所得額が670万円を超える世帯）は139,800円＋（医療費全額－466,000円）×1％。ただし、4回目以降の限度額は77,700円

ウ 低所得者（住民税非課税の世帯）は35,400円。ただし、4回目以降の限度額は24,600円

ただし、70歳以上75歳未満の者の高額療養費の本人負担限度額（月額）は次のようになります。75歳以上の者はQ11の老人保健制度が適用されます。

ア 外来（通院）は、一般では12,000円、高額所得者は40,200円、低所得者は8,000円とされており、これらの金額を超えた額が後日に返還されます。

イ 入院では、一般は40,200円、高額所得者は72,300円＋（医療費全額－361,500円）×1％となりますが、4回目以降は40,200円となります。低所得者（住民税非課税世帯）は24,600円または15,000円となります。これらの額を超えた額が後日に

返還されます。
　なお、高額の治療を長期間続ける必要のある特定の病気（人口透析を行っている慢性腎不全、血友病など）の場合は、本人負担限度額（月額）は1万円とされていますが、この場合には「特定疾病療養受療証」の交付を受ける必要があります。
④　移送費は、医師の診断により重病人の入院や転院などの移送に費用がかかった場合に申請により必要と認められた額が支給されます。
⑤　出産育児一時金として、1人につき30万円が支給されます。

Q11 老人保健の医療制度は、どのようになっていますか

1 老人保健法による老人医療制度

老人保健法による老人医療制度が適用される者は、国民健康保険その他の健康保険制度の被保険者または被扶養者のうち、①75歳以上の者および、②65歳以上70歳未満の者で市町村長により障害の認定を受けた者とされています。

老人保健法による老人医療制度の適用される資格は、満75歳になった日の翌月1日または障害の認定を受けた日の翌月1日から資格を取得します。75歳近くになると住所地の市町村役場から加入手続の通知が届きますから、誕生日から14日以内に資格取得届と加入している健康保険の被保険者証を市町村役場の窓口に提出して「老人保健・医療受給者証」(健康手帳、巻末資料4)の交付を受けます。

2 医療機関(病院・医院)で診療を受ける場合

医療機関(病院・医院)で診療を受ける場合は、市町村から交付された「老人保健医療受給者証」と「健康保険の被保険者証」を医療機関の窓口に提示します。老人保健制度により診療を受けた場合は、現在は次のような本人負担をすることとなっています。

> ① 通院(外来)の場合は、医療費の1割を負担します。一定の高額所得者(市民税課税標準額が124万円以上の者)の場合は2割を負担します。
> ② 通院(外来)の場合は、1カ月間の本人負担が12,000円を超えた場合は高額医療費としては老人医療制度により払い戻されます。12,000円は高額所得者(市民税課税標準額が124万円以

上の者）では 40,200 円、低所得者（市民税非課税世帯の者）では 8,000 円とされています。
③　入院の場合は、1 カ月間の本人負担が 40,200 円を超えた場合は、高額医療費としては老人医療制度により払い戻されます。40,200 円は、低所得者では、24,600 円または 15,000 円とされています。高額所得者の本人負担限度額は 72,300 円＋（医療費全額－361,500 円）×1％となります。
④　入院の場合の食事代の本人負担は 1 日につき 780 円とされています。低所得者の場合は 650 円、500 円または 300 円とされています。

　70 歳以上 75 歳未満の者にも、Q10 の 6 の(4)に述べた通り、上記と同様の給付がなされます。

3　老人保健法による老人医療制度の費用負担

　老人保健法による老人医療制度の費用負担は、①老人本人の一部負担、②医療保険各制度からの負担、③国・都道府県・市町村の公費による負担があります。老人本人の一部負担以外の医療費の負担割合については、加入している健康保険制度が 7 割、国が 2 割、残りを都道府県と市町村が各 2 分の 1 ずつを負担することとしています。加入している健康保険制度が最も多く負担しています。

Q12 定年後の雇用保険は、どのようになっていますか

1 雇用保険の失業をした場合の給付

雇用保険の失業をした場合の給付には、①求職者給付(きゅうしょくしゃきゅうふ)、②就職促進給付、③教育訓練給付、④雇用継続給付の4種類がありますが、以下には、最も重要な求職者給付の「基本手当」を中心に説明します。

「基本手当」を受給するには、次の要件を満たすことが必要です。

> (1) 失業の状態にあること
>   失業の状態とは、労働の意思と能力を有するにもかかわらず、職業に就くことができない状態をいいます。従って、再就職をする意思のない者や病気などで今すぐ就職できない者は除かれます。
> (2) 65歳未満で離職し雇用保険の被保険者資格を失ったこと
>   65歳以上で離職した場合には高年齢求職者給付金が支給されます。
> (3) 離職の日前1年間に雇用保険の被保険者期間が通算して6カ月以上あること

2 「基本手当」の日額

「基本手当」の日額は、在職中に得ていた賃金の1日分の45%から80%相当額となります。各人の賃金日額と離職時の年齢によって最大が「賃金日額×0.8」、最少が「賃金日額×0.45」として計算されます。賃金日額の低い場合ほど高率になるように計算されます。賃金日額は、次の計算式のように離職前6カ月間に支払われた賃金の総額（超過勤務手当や通勤手当

も含みます）を 180 で割った額となります。

> 賃金日額＝離職日前 6 カ月間の賃金総額÷ 180 日
> 基本手当の日額＝賃金日額×賃金日額に応じた 40％〜 80％の率

65 歳以上で退職した場合には、基本手当は支給されず、基本手当に代えて「高年齢求職者給付金」（一時金）が支給されます。

3 所定給付日数

基本手当の給付を受けられる限度の日数を所定給付日数といいますが、次のように①雇用保険の被保険者期間（加入期間）、②離職時の年齢、③離職理由によって、最短 90 日、最長 360 日となっています。

(1) 定年や自分の意思で離職した者の場合（離職時に 65 歳未満の場合）

年齢＼加入期間	6月以上 1年未満	1年以上 5年未満	5年以上 10年未満	10年以上 20年未満	20年以上
全年齢	90 日	90 日	90 日	120 日	150 日

(2) 倒産、解雇等により離職を余儀なくされた場合（離職時に 65 歳未満の場合）

年齢＼加入期間	1年未満	1年以上 5年未満	5年以上 10年未満	10年以上 20年未満	20年以上
30 歳未満	90 日	90 日	120 日	180 日	───
30 歳以上 35 歳未満	90 日	90 日	180 日	210 日	240 日
35 歳以上 45 歳未満	90 日	90 日	180 日	240 日	270 日
45 歳以上 60 歳未満	90 日	180 日	240 日	270 日	330 日
60 歳以上 65 歳未満	90 日	150 日	180 日	210 日	240 日

(3) 障害者で就職が困難な場合（離職時に65歳未満の場合）

年齢＼加入期間	1年未満	1年以上
45歳未満	150日	300日
45歳以上65歳未満	150日	360日

　雇用保険の基本手当を受給できる期間は、原則として離職日の翌日から1年間とされていますが、ただ、所定給付日数が360日とされている場合は、1年に60日を加えた期間となり、所定給付日数が330日とされている場合は、1年に30日を加えた期間とされます。

　実際に基本手当を受給することができる期間は、失業者が公共職業安定所（ハローワーク）で求職の申込をした後、7日間の待期期間を経過した時からとなります。

4　65歳以上で離職した場合

　65歳以上で離職した場合には基本手当は支給されず、基本手当に代えて次の高年齢求職者給付金（一時金）が支給されます。

加入期間	1年未満	1年以上
高年齢求職者給付金	基本手当日額の30日分	基本手当日額の50日分

　この場合も65歳未満で退職した場合と同様に公共職業安定所で求職の申込をしたうえ、失業の認定を受ける必要があります。

Q13 失業給付の基本手当を受けるには、どうするのですか

1 基本手当を受給する手続き

失業給付の基本手当を受給するには、離職後、次のものを準備して住所地を管轄する公共職業安定所（ハローワーク）に出向いて、求職の申込をした後に基本手当の受給手続をします。

① 雇用保険の被保険者証（会社が保管している場合は貰っておきます）
② 離職票1・2（会社が作成し離職後10日以内に本人に交付します）
③ 運転免許証または住民票写し
④ 写真（縦3センチ、横2.5センチの上半身の最近のもの1枚）
⑤ 印鑑（認め印でかまいません）
⑥ 離職日までの職歴、希望する仕事、希望する賃金額を書いたメモ

公共職業安定所（ハローワーク）では、まず、求職の申込をした後に基本手当の受給の手続をします。失業の要件（労働の意思と能力を有するにもかかわらず就職することができないこと、その他）に該当しない次のような場合は、基本手当の受給はできないので、公共職業安定所職員への説明は注意が必要です。

(1) 定年退職後、しばらく休養をする場合
(2) 本人の病気や怪我、親族の看護などで今すぐ就職できない場合
(3) 自営業を始めるために就職できない場合
(4) 現在、パートやアルバイトをしている場合

(5) 今後、家事に専念する場合

2 基本手当を受給する手続の手順
基本手当を受給する手続の手順は、次のようになります。
(1) 定年退職前に「雇用保険被保険者証」の有無を確認します。自宅にない場合には、会社が保管している場合がありますから、会社に確認します。紛失していることが確認できた場合には、再交付の手続をします。
(2) 会社が作成する「雇用保険被保険者離職証明書」に倒産や解雇により離職する場合に会社が本人の意思による退職のように記載している場合は、基本手当の所定給付日数が大幅に異なることになりますので正確に記載してもらいます。会社都合か自己都合かでは大きな違いですので、十分気を付けましょう。
(3) 定年退職日（離職日）から10日以内に「雇用保険被保険者・離職票」を本人に交付することとされていますから、離職日前に交付日と交付方法（郵送か否か）を確認しておきます。離職後10日を経過しても交付されない場合は、会社に催促をします。
(4) 「雇用保険被保険者・離職票1・2」その他の雇用保険の基本手当の受給手続に必要な上記1記載のものを準備した後、住所地を管轄する公共職業安定所（ハローワーク）に出頭します。離職票1には基本手当を受け取る金融機関の確認を貰ってから提出します。公共職業安定所では、離職票、求職票などを提出して受給資格の確認を受けますが、受給資格のあることが確認された後に受給説明会の日時が指定されて必要な書類（受給上の注意事項を書いた書類その他）を渡されます。この日が受給資格決定日となりますが、受給資格決定日から7日間は「待期期間」として基本手当の支給対象とはなりません。求職申込に当たり、あまりに低賃金や高賃金を記載すると担当職員から質問されますから、退職時の賃金の90％程度を記載するのが無難です。職種も自分の希望のものを記載します。職安の職

員が賃金や職種について強制することはありません。

　例えば、7月31日に離職し9月1日が受給資格決定日（求職申込日）の場合は、基本手当の支給期間は、次のようになります。

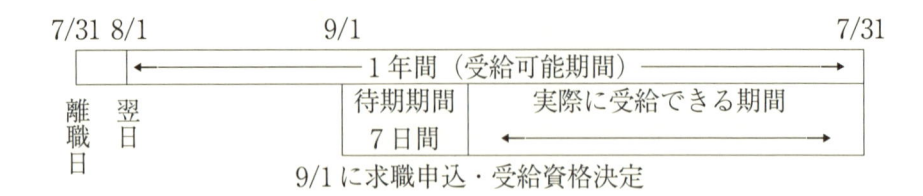

```
7/31 8/1        9/1                              7/31
  |   |←────── 1年間（受給可能期間）──────→|
  |   |  待期期間  │  実際に受給できる期間   |
  |   |   7日間   │                         |
  離  翌
  職  日
  日
          9/1に求職申込・受給資格決定
```

(5)　指定された受給説明会に出席すると、「雇用保険受給資格者証」と「失業認定申告書」用紙が渡されて第1回目の失業認定日が指定されます。「失業認定申告書」用紙には、失業していた日や就職活動の状況を記載して提出します。第1回目の失業認定日は、受給資格決定日から4週間以内に指定されます。

(6)　第1回目の失業認定日には、記入した「失業認定申告書」、「雇用保険受給資格者証」その他の指定されたものを準備して指定の時刻に出頭します。就労した日がない場合は、その期間の全部について失業の認定がなされますが、パートやアルバイトに従事した日がある場合は、その日を除いて失業の認定がなされます。終了時に4週間後の第2回目の失業認定日が指定され「失業認定申告書」用紙が渡されます。

(7)　第2回目以降の失業認定日も、第1回目の失業認定日と同様にして失業認定が行われます。再就職をしない限り、4週間（28日間）に1回の失業認定日に失業の認定を受けます。この間、4週間（28日間）ごとに基本手当が指定の金融機関の口座に振り込まれます。

(8)　基本手当の所定給付日数に達した時に支給が終了します。

Q14 介護保険の制度とは、どんなものですか

1　介護保険の制度

　介護保険(かいごほけん)の制度は、高齢者が介護を必要とする状態になった場合に、社会保険による介護サービスを受けられるようにして自立した生活ができるように社会全体で支える制度です。

　介護保険に加入する者（介護保険の被保険者）は40歳以上の者で次のように2種類に分けられています。

> ①　第1号被保険者とは65歳以上の者をいいます。
> ②　第2号被保険者とは40歳以上65歳未満の医療保険に加入している者をいいます。

　介護保険の制度は健康保険のような社会保険ですから、加入するか否かが任意ではなく強制加入とされています。40歳未満の者は介護保険に加入することはできません。介護保険を運営する主体(保険者といいます)は、各市町村と東京23区（特別区）となっています。

　「介護保険被保険者証」は、第1号被保険者（65歳以上の者）には65歳に達した時に申請しなくても交付されますが、第2号被保険者（40歳以上65歳未満の者）は要介護認定または要支援認定を受けた場合や交付申請した場合に限り交付されます。「介護保険被保険者証」は、要介護認定または要支援認定の各認定申請をする場合に必要になります。

2　介護保険制度による介護サービス

　介護保険制度による介護サービスを受けることができる場合は、次の通りです。

(1) 第1号被保険者（65歳以上の者）の場合には、①寝たきりや痴呆(ちほう)などで常に介護を必要とする状態（要介護状態）または、②常時の介護までは必要ないが、家事や身支度などの日常生活に支援が必要な状態（要支援状態）になった場合に、保険者に対して要介護認定または要支援認定の「認定申請書」を提出して認定を受けた後に介護保険による介護サービスを受けることになります。

　介護サービスの利用費用の1割が被保険者本人の負担となります。施設に入った場合は別に食費も負担します。1割の自己負担が高額になりすぎないように自己負担額の上限額が定められています。この費用負担については第2号被保険者も同じです。

(2) 第2号被保険者（40歳以上65歳未満の医療保険に加入している者）の場合は、初老期痴呆や脳血管疾患など老化が原因とされる次の15種類の特定疾病によって要介護状態または要支援状態になった場合に、保険者へ要介護認定または要支援認定の「認定申請書」を提出して認定を受けた後に介護保険の介護サービスを受けることになります。介護サービスの利用費用は、第1号被保険者の場合と同じです。

第2号被保険者が介護サービスを受けられる特定疾病（介護保険法施行令2条）
① 初老期における痴呆（脳血管性痴呆、アルツハイマー病、ヤコブ病など）
② 脳血管疾患（脳出血、脳梗塞、クモ膜下出血、硬膜下出血など）
③ 筋萎縮性側索硬化症(そくさくこうかしょう)
④ パーキンソン病
⑤ 脊髄小脳変性症
⑥ シャイ・ドレーガー症候群
⑦ 糖尿病性神経障害、糖尿病性腎症、糖尿病性網膜症
⑧ 閉塞性動脈硬化症

⑨ 慢性閉塞性肺疾患（肺気腫、慢性気管支炎、気管支喘息など）
⑩ 慢性関節リウマチ
⑪ 両側の膝関節または股関節に著しい変形を伴う変形性関節症
⑫ 後縦靱帯骨化症（こうじゅうじんたいこつかしょう）
⑬ 脊柱管狭窄症
⑭ 骨折を伴う骨粗鬆症（こつそしょうしょう）
⑮ 早老症（ウェルナー症候群）

以上の特定疾病に該当しない場合には、医療保険（健康保険）によることになります。

3 介護保険の保険料

介護保険の保険料は、次のようにして支払います。

(1) 第1号被保険者（65歳以上の者）の場合には、①老齢年金または退職年金の年金額が年額18万円（月額1万5,000円）以上ある者は、年金から天引き（特別徴収）されます。②老齢年金または退職年金の年金額が年額18万円（月額1万5,000円）未満の者は、保険者から送付される納付書で個別に納付する（普通徴収）ことになります。第1号被保険者の保険料の金額は保険者（各市町村と特別区）によって異なります。

(2) 第2号被保険者（40歳以上65歳未満の医療保険に加入している者）の場合は、加入している医療保険（健康保険）の保険料に上乗せして医療保険の保険料と一括して徴収されます。

① 健康保険の保険料の半額を事業主が負担している場合は、介護保険の保険料も事業主が半額を負担することになります。健康保険の保険料と同時に給与から天引きされます。40歳以上65歳未満の被扶養者（専業主婦など）がいる場合でも介護保険や健康保険の保険料を別に徴収されません。40歳未満の者は介護保険に加入できませんから、健康保険の保険料だけしか徴収されません。

② 40歳以上65歳未満の国保（国民健康保険）に加入している者は、国保の保険料に上乗せして徴収されます。保険料の金額は保険者（各市町村と特別区）によって異なります。

4　介護保険の保険料の金額

　介護保険の第1号被保険者（65歳以上の者）の保険料の金額は、次の6段階に分けて計算されます。第2号被保険者（40歳以上65歳未満の医療保険に加入している者）の保険料は加入している健康保険制度により異なります。第1号被保険者の保険料額も保険者によって異なりますが、例えば、介護保険料の基準額を標準的な額、年額40,400円とした場合の年間保険料は次のようになります。

> 第1段階（生活保護受給者等で市町村民税非課税世帯の場合）
> 　　基準額× 0.40 ＝ 16,200円（年額）
> 第2段階（世帯全員が市町村民税非課税の場合）
> 　　基準額× 0.72 ＝ 29,100円（年額）
> 第3段階（本人が市町村民税非課税の場合）
> 　　基準額× 1.00 ＝ 40,400円（年額）
> 第4段階（本人が市町村民税課税で所得が200万円未満の場合）
> 　　基準額× 1.25 ＝ 50,500円（年額）
> 第5段階（本人が市町村民税課税で所得が200万円以上500万円未満の場合）
> 　　基準額× 1.50 ＝ 60,600円（年額）
> 第6段階（本人が市町村民税課税で所得が500万円以上の場合）
> 　　基準額× 1.75 ＝ 70,700円（年額）

Q15 介護保険制度を利用するには、どんな手続が必要ですか

1　介護保険制度の介護サービス

　介護保険制度の介護サービスを受けようとする場合は、介護を受けようとする者の住所地の保険者（市町村または特別区）に対して要介護認定または要支援認定の「認定申請書」を提出して、要介護認定または要支援認定を受ける必要があります。健康保険の場合のように医療機関に被保険者証を提示して診療を受けるのと大きく異なります。

　要介護認定または要支援認定の認定申請をするには、保険者（市町村または特別区）の窓口（介護保険課）で交付される「認定申請書」用紙（巻末資料5）に必要事項を記入して、主治医の意見書と介護保険被保険者証を添付して介護保険担当窓口に提出します。「認定申請書」を被保険者本人が記入することができない場合には、家族や指定居宅介護支援事業者・介護保険施設・社会保険労務士に代行してもらうことができます。この3者以外は報酬を得て業として認定申請書を作成することはできませんが、報酬を受けない場合は、誰でも申請書を作成することができます。指定居宅介護支援事業者、介護保険施設の所在場所や連絡先は「認定申請書」受付窓口で教えて貰えます。主治医のいない場合も、窓口で相談してみます。「認定申請書」の自治体窓口への提出は、被保険者本人ができない場合は、家族でも指定居宅介護支援事業などでもよく、郵送でもかまいません。家族その他の第三者に依頼する場合でも提出の代行は使者に過ぎませんから委任状は不要です。

2　「認定申請書」の記入

　要介護認定または要支援認定の「認定申請書」用紙（A4サイズ1枚）に記入する主な事項は、次の通りです。更新の認定申請書の場合も同じです。

① 申請者（被保険者本人または家族）の氏名
② 申請者の住所・電話番号（申請者が被保険者本人の場合は不要）
③ 申請者と被保険者との関係（たとえば、妻）
④ 提出代行者の名称（指定居宅介護支援事業者などの名称と押印）
⑤ 被保険者の氏名・生年月日・性別・住所・電話番号・被保険者番号
⑥ 前回の要介護認定の結果・有効期間（初めての申請では不要）
⑦ 介護保険施設への入所の有無（有りは入所施設名・所在地を記入）
⑧ 主治医の氏名・医療機関名・医療機関の所在地・電話番号
⑨ 第2号被保険者では医療保険者名・医療保険被保険者証の記号番号・特定疾病名（介護保険法施行令2条に規定する特定疾病名を記入する）
⑩ 主治医意見書などの内容が指定居宅サービス事業者などに提示されることの被保険者の承諾の署名押印

　主治医の意見書の用紙（A4サイズの2頁、巻末資料6）も介護保険担当窓口で無料で交付を受けられます。主治医のいない場合でも、被保険者本人などが選んで意見書を書いて貰います。主治医の意見書の作成手数料は介護保険の保険者（市町村など）が負担しますから本人負担はありません。ただし、意見書の作成に際して診療や検査を実施した場合には、医療の扱いになりますから健康保険の医療費の負担が必要になります。
　主治医意見書の記入項目は大別すると次のような項目があります。

① 傷病に関する意見（診断名、症状としての安定性、介護の必要の程度に関する予後の見通し、障害の直接の原因となってい

> る傷病の経過など）
> ②　特別な医療（過去14日間以内に受けた医療、処置内容など）
> ③　心身の状態に関する意見（日常生活の自立度、理解や記憶、問題行動の有無、精神・神経症状の有無、身体の状態）
> ④　介護に関する意見（現在発生の可能性が高い病態と対処方針、医学的管理の必要性、介護サービスにおける医学的観点からの留意事項、感染症の有無）
> ⑤　その他の特記すべき事項

3　「認定申請書」を受理した後の処理

　要介護認定または要支援認定の「認定申請書」が保険者に受理された後、保険者（自治体）の職員または保険者から委託を受けた調査員が被保険者を訪問し、心身の状況などについて聞き取り調査を行います。この訪問調査は全国同一の基準で行われるように「介護サービス調査票」が作成されており、調査員はこの調査票を持って自宅を訪問します。

　訪問調査の調査項目は公表されていますが、全部で数十項目あり、本人が日常生活を送るに当たり、どのような障害があるかを見ることに重点が置かれています。調査項目は保険者（自治体）の介護保険担当課で見ることができますし、各自治体の情報公開条例によって写しの交付を受けることもできます。調査項目には、①寝返り、②起き上がり、③歩行、④立ち上がり、⑤食事摂取、⑥排尿、⑦排便、⑧衣服着脱、⑨金銭管理、⑩電話の利用、⑪日常の意思決定、⑫視力、⑬聴力、⑭記憶の程度その他の項目があります。

　調査員に調査票へ正確に記入してもらうには家族も調査に協力する必要があります。そのためには調査項目を事前に知っておく必要があります。家族は介護の具体的な記録もつけておきます。本人が調査項目に答えられない場合や間違って答えた場合には、家族が代わって答えるようにします。

4　訪問調査の調査結果

　訪問調査の調査結果は保険者（自治体）の職員が入力して国の開発したコンピュータ・プログラムで分析することになります。このコンピュータ・プログラムで分析した判定を「第一次判定」といいますが、この第一次判定の結果に主治医の意見書と調査員の特記事項と題する認定調査票を添えて「介護認定審査会」に送付します。

　介護認定審査会は、第一次判定の結果、主治医の意見書、調査員の特記事項をもとに、「要介護」の程度や「要支援」の状態かどうかを総合的に判定します。この判定を「第二次判定」といい、判定結果は、認定申請から30日以内に本人に通知されます。本人への通知書には、①認定結果（要介護1ないし5、要支援、非該当＝自立の別）、②認定年月日、③理由、④認定審査会の意見・サービスの種類の指定、⑤認定の有効期間などが記載されます。この認定結果は被保険者証にも記載されて本人に返還されます。

　介護認定審査会の委員は、医療・保健・福祉に関する専門家5人程度で構成されています。介護認定審査会の認定結果に不服がある場合は、都道府県の介護保険審査会に不服申立をすることができます。

　以上の介護サービスを利用しようとする手続の流れを整理すると次の通りになります。

認定申請書の提出	①　認定申請書に主治医意見書と介護保険被保険者証を添付して自治体の介護保険担当課に提出する。 ②　認定申請書の作成は居宅介護支援事業者などに依頼できる。
↓	
認定調査	①　申請日から1週間以内に自治体職員または委託を受けた調査員が本人に面接して聞き取り調査を行います。 ②　調査項目の分かる調査票を事前に入手しておきます。（巻末資料7）
↓	

第一次判定	① 調査結果をもとにコンピュータによる第一次判定を行い、主治医意見書と調査員の特記事項を添えて介護認定審査会へ送付します。 ② 調査結果をもとに介護に必要な時間を推計します。
↓	
第二次判定	① 介護認定審査会は、第一次判定の結果と主治医意見書をもとに、要介護・要支援の状態かどうかを判断します。 ② 本人に要介護1ないし5、要支援、自立（非該当）の別を通知します。
↓	
不服申立	① 介護認定審査会の結論に不服のある場合は、都道府県の介護保険審査会に対して不服申立をすることができます。 ② 不服申立と無関係に本人の状態に変更がある場合は、新規に認定申請書を提出します。

5　要介護または要支援の状態とは

　上記の要介護または要支援の状態は、おおむね、次のような状態にある場合です。

> (1)　要支援の状態とは、日常生活上の基本的動作はほぼ可能であるが、入浴、家事などの日常生活に一部介助が必要な場合をいいます。
> (2)　要介護1の状態とは、立ち上がりや歩行などに不安定さが見られることが多く、入浴、排泄、家事などに一部介護が必要な場合をいいます。
> (3)　要介護2の状態とは、立ち上がりや歩行などが自力でできない場合が多く、入浴、排泄、家事などに一部介護または全部介護が必要な場合をいいます。
> (4)　要介護3の状態とは、立ち上がりや歩行などが自力ではでき

> ないし、入浴、排泄、衣服の着脱などに全部介護が必要な場合をいいます。
> (5) 要介護4の状態とは、日常生活を遂行する能力はかなり低下しており、入浴、排泄、衣服の着脱などに全面的な介護が必要であり、食事の摂取にも一部介護が必要な場合をいいます。
> (6) 要介護5の状態とは、日常生活を遂行する能力が著しく低下しており、生活全般にわたって全面的な介護が必要な場合をいいます。

　以上の6段階の認定のいずれにも該当しなかった場合は、「自立」として介護保険からのサービスを受けることはできません。しかし、認定されなかった高齢者にも、自治体によっては独自の介護保険以外のサービスを受けることができる場合がありますから、自治体の介護保険担当課や高齢者福祉担当課に確認してみることが大切です。

　介護認定審査会の要介護認定または要支援認定は6カ月ごとに見直され、更新の認定申請を行う必要があります。更新の認定申請書の作成の仕方も、初めての場合と同じです。

6　介護認定審査会の審査結果への不服申立

　介護認定審査会の審査による判定の結果に不服がある場合は、行政不服審査法の規定に従って、認定の結果を知った日の翌日から起算して60日以内に、各都道府県の「介護保険審査会」に対して不服申立（審査請求）を行うことができます。各都道府県の「介護保険審査会」の裁決に対しても不服がある場合は、当初の判定結果の取消を求めて行政事件訴訟法に基づいて行政処分（判定）の取消訴訟を都道府県庁所在地の地方裁判所に提起することができます。しかし、裁判は時間がかかりますから、実際には再度の認定申請をします。訪問調査を受けた後に症状が悪化した場合も、保険者に再認定の申請をすると、再度の訪問調査を受けることができます。

7 介護保険で受けられるサービス

　介護保険で受けられるサービスは、大別すると、①在宅サービス（居宅介護サービス）と、②施設サービス（介護老人福祉施設、介護老人保健施設、介護療養型医療施設）とに分けられます。

(1)　要介護1～5の認定を受けた場合は、①在宅サービスでも②施設サービスでも受けられます。要支援の認定を受けた場合は、①在宅サービスが受けられます。

(2)　在宅サービスを利用する場合は、自治体の指定を受けた居宅介護支援事業者（ケアプラン作成事業者）を被保険者本人または家族が選んで、どのようなサービスが必要かを相談し「介護サービス計画（ケアプラン）」を作成して貰います。在宅サービスを受ける場合は、要介護度に応じて使える金額の範囲（利用限度額）内で介護支援専門員（ケアマネージャー）の助言を受けて、心身の状態、家庭の状況などに適したサービスを選ぶことができます。これらの介護サービス計画（ケアプラン）の作成の費用には、利用者の負担はありません。介護サービス計画の作成は自分で作成することもできますが、介護サービス計画の作成費用は無料ですから、介護支援専門員（ケアマネージャー）に依頼したほうが容易で確実です。

(3)　在宅サービスを利用する場合の1カ月間の利用できる限度額は、次のようになっていますので、この支給限度額を超えてサービスを利用した場合には、その超過部分の全額が自己負担となります。

要介護状態の区分	支給限度額（1カ月の利用限度額）
要支援	61,500 円
要介護1	165,800 円
要介護2	194,800 円
要介護3	267,500 円
要介護4	306,000 円
要介護5	358,300 円

(4)　介護保険のサービスの利用料は、介護保険のサービスとして定められた費用の1割を利用者本人が負担します。ただし、利用料の1

割の額が高額になる場合には次の自己負担額の限度額を超える部分が保険者から高額介護サービス費として支給されます。

①	生活保護受給者などの市町村民税非課税世帯の場合	15,000 円
②	世帯全員が市町村民税非課税者の場合	24,600 円
③	上記①または②以外の場合	37,200 円

Q16 介護保険で受けられるサービスは、どのようになっていますか

1　介護保険で受けられるサービス

　介護保険で受けられるサービスは、大別すると、①在宅サービス（居宅介護サービス）の14種類と、②施設サービスの3種類に分けられます。要介護1～5の認定を受けた者は、①在宅サービスでも、②施設サービスでも受けられます。要支援の認定を受けた場合は、①在宅サービスが受けられます。

　利用者の自己負担額は介護サービスの費用の1割ですが、上述した通り1カ月の利用料の1割の自己負担額（世帯合算）が37,200円（生活保護世帯などは別）の上限額を超えた場合は、申請により上限額を超えた額が高額介護サービス費として保険者から利用者に支給されます。介護サービス事業者への支払いは通常1カ月単位で行います。

　在宅サービスを利用する場合の1カ月間の利用できる限度額は、上述した通り要介護度により61,500円から358,300円の間で決まっていますから、この利用限度額を超えてサービスを利用した場合には、その超過部分の全額が自己負担となります。

2　在宅サービス

　在宅サービス（居宅介護サービス）には次の種類があります。利用料金（本人の自己負担額）は次の各サービス費用の1割の額となります。サービス費用は事業者によって多少異なる場合もあり、条件によって加算・減額される場合もあります。

　（1）訪問介護（ホームヘルプサービス）

　　　訪問介護員（ホームヘルパー）が居宅を訪問して、入浴・排泄・食事などの介護や通院時の乗降車介助を行います。利用時間が30

分以上60分未満の場合で、①身体介護中心の場合は4,020円、②生活援助中心の場合は2,080円、③乗降車介助は1回1,000円（要支援の場合は利用不可）となります。

(2) 訪問看護

　　療養上の世話または必要な診療の補助を行います。利用時間が30分以上60分未満の場合は、5,500円～8,300円となります。

(3) 訪問入浴看護

　　居宅を訪問して浴槽などを提供し入浴の介助を行います。1回につき12,500円となります。

(4) 訪問リハビリテーション

　　理学療法士などが居宅を訪問して理学療法その他の必要なリハビリテーションを行います。1日につき5,500円となります。

(5) 居宅療養管理指導

　　医師や歯科医師などが居宅を訪問して、療養上の管理や指導を行います。1回につき2,900円～5,500円（職種により金額が異なる）となります。

(6) 通所介護（デイサービス）

　　デイサービスセンターなどで入浴・食事の提供などの日常生活上の世話や機能訓練を行います。利用時間（送迎時間も含む）が4時間以上6時間未満の場合は、5,210円～8,220円（要介護度により異なる）となります。

(7) 通所リハビリテーション（デイケア）

　　介護老人保健施設、病院などで理学療法、作業療法その他の必要なリハビリテーションを行います。利用時間（送迎時間も含む）が4時間以上6時間未満の場合は、5,810円～8,710円（要介護度により異なる）となります。

(8) 短期入所生活介護（介護老人福祉施設へのショートステイ）

　　短期30日以内入所施設に短期入所し、入浴、排泄、食事などの介護その他の日常生活上の世話や機能訓練を行います。1日につき

7,970円～11,230円（要介護度により異なる）となります。
⑼　短期入所療養介護（介護老人保健施設へのショートステイ）
　　介護老人保健施設、介護療養型医療施設などに短期入所し、看護、医学的管理下における介護や機能訓練その他の必要な医療と日常生活上の世話を行います。1日につき、9,490円～11,920円（要介護度により異なる）となります。
⑽　痴呆性高齢者のグループホーム（要支援者は利用不可）
　　痴呆状態の要介護者が共同生活する住居で、介護や入浴・食事などの日常生活上の世話と機能訓練などを行います。1日につき7,960円～8,610円（要介護度により異なる）となります。
⑾　有料老人ホームなどの入所者への介護サービス
　　有料老人ホーム、ケアハウスなどの入所者に入浴、排泄、食事などの介護や日常生活上の世話を行います。1日につき2,380円～8,180円（要介護度により異なる）となります。
⑿　福祉用具の貸与・購入費の支給
　①　貸与については、電動ベッド、車いす、エアーパッド、体位変換器、手すり、スロープ、歩行器、移動用リフトなどの貸出は、福祉用具の事業者の定める額
　②　購入については、腰掛便座、特殊尿器、入浴補助用具、簡易浴槽の購入費の支給では、年間限度額が10万円（いったん利用者が立替払いをし9割の償還を受ける）とされています。
⒀　住宅改修費の支給
　　手すりの取り付け、床段差の解消、すべりの防止などの床材の変更、引き戸への扉の取り替えなどの住宅改修の費用を支給します。限度額は20万円で1回限り（いったん利用者が立替払いをし9割の償還を受ける）とされています。
⒁　居宅サービス計画の作成
　　介護支援専門員（ケアマネージャー）が利用者に適したサービス利用計画を作成します。費用は8,500円ですが、本人負担は無料です。

3　施設サービス

施設サービス(要介護1～5の者のみ利用可能)には次の種類があります。

(1) 介護老人福祉施設（特別養護老人ホーム）

　　入浴、排泄、食事などの介護や身の回りの世話を行います。月額（30日の場合）は203,100円～287,700円（要介護度により金額が異なる）となります。

(2) 介護老人保健施設

　　看護、リハビリテーションその他の必要な医療、身の回りの世話を行います。月額（30日の場合）は245,700円～308,400円（要介護度により金額が異なる）となります。

(3) 介護療養型医療施設（療養型病床群、老人性痴呆疾患療養病棟）

　　療養上の管理、看護、リハビリテーション、必要な医療などのサービスを行います。月額（30日の場合）は246,000円～408,000円（要介護度により金額が異なる）となります。

Q17 介護サービスを提供する事業者は、どのようになっていますか

1　介護サービスを提供する事業者

　介護サービスを提供する事業者は、介護サービスを提供する事業所ごとに各都道府県知事に申請をして介護サービスを提供する事業者としての指定を受ける必要があります。

　介護サービスを提供する事業者には、大別すると次の3種類があります。

> (1)　指定居宅サービス事業者（在宅の介護サービスを提供する事業者）
> (2)　指定居宅介護支援事業者（在宅のケアプランを作成する事業者）
> (3)　介護保険施設　①　指定介護老人福祉施設（特別養護老人ホーム）
> 　　　　　　　　　②　介護老人保健施設（介護・医療などの施設）
> 　　　　　　　　　③　指定介護療養型医療施設（病院・診療所）

2　指定居宅サービス事業者

　指定居宅サービス事業者としての指定を受けるには、事業者の申請により居宅サービスの種類と各居宅サービスの種類の事業所ごとに都道府県知事の指定を受けることとされています。都道府県知事は、次のいずれかに該当する場合は指定をすることはできないとされています。

(1)　申請者が法人でないとき。
(2)　申請に係る事業所の従業者の知識・技能・人員数が省令で定める

基準を満たしていないとき。

(3) 申請者が指定居宅サービスの事業の設備や運営に関する基準に従って適正な居宅サービスの事業の運営をすることができないと認めるとき。

この場合の「居宅サービス」とは、訪問介護、訪問入浴介護、訪問看護、訪問リハビリテーション、居宅療養管理指導、通所介護、通所リハビリテーション、短期入所生活介護、短期入所療養介護、痴呆対応型共同生活介護、特定施設入所者生活介護、福祉用具貸与をいいます。

3　指定居宅介護支援事業者

指定居宅介護支援事業者としての指定を受けるには、事業者の申請により居宅介護支援事業を行う各事業所ごとに都道府県知事の指定を受けることとされています。都道府県知事は、次のいずれかに該当する場合は指定をすることはできないとされています。

(1) 申請者が法人でないとき。

(2) 申請に係る事業所の介護支援専門員の人員数が省令で定める基準を満たしていないとき。

「介護支援専門員」(ケアマネージャー)とは、要介護者などからの相談に応じ、その心身の状態などに応じて適切な居宅サービスまたは施設サービスを利用できるよう市町村・居宅サービス事業を行う者・介護保険施設などとの連絡調整を行う者であって、要介護者などが自立した日常生活を営むのに必要な援助に関する専門的知識・技術を有する者として政令で定める者をいいます。

(3) 申請者が指定居宅介護支援事業の運営に関する基準に従って適正な居宅介護支援事業の運営をすることができないと認めるとき。

この場合の「居宅介護支援」とは、居宅要介護者などが指定居宅サービスその他の居宅において日常生活を営むために必要な保健医療サービスまたは福祉サービスの適切な利用ができるよう、居宅要介護者などの依頼を受けて、その心身の状況、その置かれている環

境、その家族の希望などを勘案(かんあん)し、利用する指定居宅サービスの種類や内容その他の計画を作成するとともに、そのサービス計画にもとづく指定居宅サービスの提供が確保されるように指定居宅サービス事業者その他の者との連絡調整その他の便宜の提供を行い、更に介護保険施設への入所を要する場合にはその施設の紹介その他の便宜の提供を行うことをいいます。

4 指定介護老人福祉施設

指定介護老人福祉施設としての指定を受けるには、特別養護老人ホームの開設者の申請により都道府県知事の指定を受けることとされています。都道府県知事は、次のいずれかに該当する場合は指定をすることはできないとされています。この施設は、身体上または精神上著しい障害があるために常時の介護を必要とし、かつ、居宅において必要な介護を受けることが困難な者を入所させて介護することを目的とする施設です。

(1) 省令で定める人員数を有しないとき。
(2) 指定介護老人福祉施設の設備や運営に関する基準に従って適正な介護老人福祉施設の運営をすることができないと認めるとき。

「介護老人福祉施設」とは、老人福祉法に規定する特別養護老人ホームであって、その特別養護老人ホームに入所する要介護者に対し、施設サービス計画にもとづいて入浴、排泄、食事などの介護その他の日常生活上の世話、機能訓練、健康管理、療養上の世話を行う施設をいいます。

5 介護老人保健施設

介護老人保健施設を開設しようとする者は、都道府県知事の許可を受ける必要があります。都道府県知事は、次のいずれかに該当する場合は許可を与えることができないとされています。

(1) 介護老人保健施設を開設しようとする者が自治体、医療法人、社会福祉法人その他の厚生労働大臣が定める者でないとき。

(2) 介護老人保健施設としての省令で定める人員数を有しないとき。
(3) 介護老人保健施設の設備や運営に関する基準に従って適正な介護老人保健施設の運営をすることができないと認められるとき。

　この施設は、病状が安定期にあり、施設において看護、医学的管理の下における介護と機能訓練その他の必要な医療を要する要介護者が利用するものです。

6　指定介護療養型医療施設

　指定介護療養型医療施設の指定は、療養病床などを有する病院または診療所の開設者の申請によって都道府県知事が指定することとされています。都道府県知事は、次のいずれかに該当する場合は指定することができないとされています。
(1) 指定介護療養型医療施設としての省令で定める介護支援専門員その他の従業者の人員数を有しないとき。
(2) 指定介護療養型医療施設の設備や運営に関する基準に従って適正な介護療養型医療施設の運営をすることができないと認められるとき。

　この施設は病院または診療所であって、療養上の管理、看護その他の医療サービスを行うものです。

7　介護保険のサービス事業者

　以上の各種の介護保険のサービス事業者については、各自治体で見やすい「介護保険サービス事業者の一覧表」などを作成していますから、それらの資料を参考にして事業者や施設を選択します。各種の介護保険のサービスを受けようとする場合は、実務的には、介護サービス計画（ケアプラン）を作成する必要がありますから、自治体の介護保険担当課に備え付けている「指定居宅介護支援事業者」一覧表などを参考にして、その一覧表の中から適当な事業者に介護サービス計画（ケアプラン）を作成して貰います。介護サービス計画は、自分で作成することもできますが、介護サービス計

画の作成費用は全額を保険者が負担し本人負担もありませんから、介護支援専門員（ケアマネージャー）に依頼したほうが容易で確実です。
　「介護保険サービス事業者」の一覧表は、例えば、次のように在宅サービスの種類別、施設サービス別に作られています。

　　1　在宅サービス
　　①　訪問介護（ホームヘルプサービス）
　　②　訪問入浴介護
　　③　訪問看護
　　④　訪問リハビリテーション
　　⑤　通所介護（デイサービス）
　　⑥　通所リハビリテーション（デイケア）
　　⑦　居宅療養管理指導
　　⑧　短期入所生活介護（介護老人福祉施設へのショートステイ）
　　⑨　短期入所療養介護（介護老人保健施設へのショートステイ）
　　⑩　痴呆対応型共同生活介護
　　⑪　特定施設入所者生活介護
　　⑫　福祉用具貸与
　　⑬　居宅介護支援（居宅サービス計画の作成）

　　2　施設サービス
　　①　介護老人福祉施設（特別養護老人ホーム）
　　②　介護老人保健施設
　　③　介護療養型医療施設（療養型病床群、老人性痴呆疾患療養病棟）

8　介護サービス計画

　介護保険のサービスを介護サービス計画（ケアプラン）に基づいて受ける場合には、各介護保険サービス事業者（在宅サービス事業者・施設サー

ビス事業者）と被保険者本人とが個別に契約をすることになります。被保険者本人が契約当事者となることができない場合（本人が成年被後見人、被保佐人、被補助人の審判を受けた者や任意後見契約のある場合）には、成年後見人、保佐人、補助人、任意後見人（本人の判断能力がない場合または不十分な場合に、本人に代わって代理したり、保佐をしたり、補助をする者）が代理人として契約を締結することになります。

　被保険者本人が契約当事者となることができる場合でも、親族の一部の者が本人に代わって契約当事者となって契約上のすべての義務を負う場合があります。問題となるのは、被保険者本人が契約当事者となることができる場合に、本人以外の親族の一部の者が契約当事者となって本人を施設に入所させたり、通所介護（デイサービス）を利用させる場合です。この場合は他の親族は契約当事者ではないため、施設を変更したり、通所介護を変更したりすることができないのです。

　各介護保険サービス事業者（在宅サービス事業者・施設サービス事業者）では、一般に自分に都合のよい契約書書式を作成しており、その契約内容を変更してもらうことは事実上できないようにしています。ここでは契約自由の原則は機能せず、各介護保険サービス事業者の決めた標準契約書書式によって契約するしかないのです。ただ、あまりに事業者側に都合のよすぎる契約書の内容（例えば、契約当事者以外の家族に損害賠償をさせる条項）については都道府県の介護保険担当課の行政指導により変更を促すことはできます。

　各介護保険サービス事業者（在宅サービス事業者・施設サービス事業者）と契約を締結しようとする場合には、その事業者の決めた標準契約書書式のコピーを事前に貰って、内容を検討しておく必要があります。

第3章●
定年後の税金は、どのようになりますか

Q18 定年退職した場合の退職金にかかる税金は、どのようになりますか

1 退職金にかかる税金

定年退職した場合の退職金にかかる税金には、①所得税（国税）と、②住民税（地方税）とがあります。定年退職金は長年にわたる勤務に対する報償的な給与であり老後の生活の基盤となるものですから、退職所得控除を大きくしたり他の所得とは分離して税金の負担が軽くなるように優遇されています。

これらの税金は退職金の支払時に会社が毎月の給与の場合と同様に源泉徴収をして納付しますから、本人が直接納付することはありません。住民税は前年の所得額に対する金額を毎月の給与から源泉徴収しますが、退職すると給与から徴収できませんから、退職金から一括して徴収されます。ただし、本人の申し出により本人から直接納付することもできます。

2 「退職所得の金額」の計算方法

退職金にかかる税金の計算のもととなる「退職所得の金額」の計算方法は次の通りとなりますから、退職金の額が退職所得控除額以下の場合には所得税はかかりません。

> 退職所得の金額＝（退職金の額－退職所得控除額）×2分の1

退職所得控除額は、退職した者の勤続年数に応じて次のようになります。
(1) 勤続年数が20年以下の場合は、40万円×勤続年数
(2) 勤続年数が20年を超える場合は、800万円＋70万円×（勤続年数－20年）。
　　　この勤続年数に1年未満の端数があるときは、たとえ1日でも1

年として計算します。これによって計算した金額が80万円未満の場合は80万円とします。障害者となったことが原因で退職する場合は、さらに100万円を加算します。

3　退職金の所得税と住民税

退職金の所得税と住民税は、退職所得の額をもとに次のように計算します。

> 所得税額＝退職所得の金額×下記の所得税率－控除額
> 住民税額＝地方税法別表第一の退職所得に係る道府県民税の特別徴収税額＋地方税法別表第二の退職所得に係る市町村民税の特別徴収税額

所得税の税率と控除額

退職所得金額		税率	控除額
	330万円以下の場合	10%	0
330万円超	900万円以下の場合	20%	33万円
900万円超	1800万円以下の場合	30%	123万円
1800万円超		37%	249万円

例えば、30年勤務した者が定年退職で退職金2,500万円を受ける場合で計算すると次のようになります。

① 退職所得控除額の金額＝800万円＋70万円×（30年－20年）
　＝1,500万円
② 課税所得＝（2,500万円－1,500万円）×2分の1＝500万円
③ 課税所得が500万円の場合は、所得税67万円、住民税36万円

4　退職所得の受給に関する申告書

退職金の支払いを受ける時までに会社に「退職所得の受給に関する申告

書」を提出しますが、この申告書を提出した場合には、会社が源泉徴収をしますので、所得税の課税は終了しますから退職者が確定申告をする必要はありません。しかし、年の途中で退職した場合は退職時までの給与の年末調整がなされませんから、確定申告によって所得税の還付を受けられる場合があります。

　定年退職前に死亡して相続人が退職金を受け取る場合は、その退職金は相続財産になりますから、相続税の課税対象となり、所得税の課税対象にはなりません。

Q19 年金にかかる税金は、どのようになりますか

1 課税対象となる年金

年金の収入は老齢の年金には「雑所得」（所得の種類の一つ）として課税対象となりますが、障害年金と遺族年金には課税されません。課税対象となる老齢の年金には、厚生年金や共済年金のような公的年金のほか、企業年金などの公的年金以外の年金も含まれます。

ただし、生命保険会社や銀行などの年金商品のうち20％の源泉分離課税のされるものは含まれません。

2 老齢年金の雑所得の金額

課税対象となる老齢の年金の雑所得の金額は、「年金の収入金額－年金の控除額」として計算します。この場合の年金の控除額は年金受給者の年齢がその年の12月31日に65歳以上か否かによって次のように異なります。

(1) 65歳未満の者の雑所得の計算

年金の収入金額		雑所得の金額
	70万円以下	0
70万円超	130万円未満	年金収入 － 70万円
130万円以上	410万円未満	年金収入 × 0.75 － 37.5万円
410万円以上	770万円未満	年金収入 × 0.85 － 78.5万円
770万円以上		年金収入 × 0.95 － 155.5万円

(2) 65歳以上の者の雑所得の計算

年金の収入金額		雑所得の金額
	120万円以下	0
120万円超	330万円未満	年金収入 － 120万円
330万円以上	410万円未満	年金収入 × 0.75 － 37.5万円

| 410万円以上　　770万円未満 | 年金収入× 0.85 － 78.5万円 |
| 770万円以上 | 年金収入× 0.95 － 155.5万円 |

平成17年分の所得税から年齢65歳以上の者の最低控除額は120万円となりました。

3　公的年金以外の年金の雑所得の金額

公的年金以外の年金（例えば、各会社の年金）の雑所得の金額は、次のように「収入金額－必要経費」によって計算します。年金受給者にはこれらの金額は分かりにくいので、実際には年金支払者（勤務していた会社、保険会社など）から年金受給者に対して内訳書が送付されます。

> 公的年金以外の年金の雑所得＝（公的年金以外の年金収入＋剰余金・割戻金）－〔公的年金以外の年金収入×（保険料または掛け金の総額÷年金の支払見込総額）〕

4　課税対象となる所得金額

実際の課税対象となる所得金額を計算するには、雑所得から基礎控除、配偶者控除、扶養控除その他の所得控除を差し引きますが、その計算は毎年2月中旬から行われる所得税の確定申告で行います。確定申告の用紙は年金所得しかない者のための簡単な書式が用意されています。

なお、公的年金の「老齢給付裁定請求書」を提出する際またはその後に「扶養親族等申告書」を提出している場合には、年金の支給に当たっては配偶者その他の扶養親族についての所得控除は行われています。

Q20 相続税の仕組みは、どのようになっていますか

1　相続税の課税の対象

相続税の課税の対象は、次のようになっています。

(1)　相続税は、相続人が被相続人の遺産を相続（遺言により遺産を譲与される遺贈も含みます）した場合に、次のようにして計算した「正味の遺産額」が「基礎控除額」を超える場合に、その超える額（課税遺産総額）に対して課税されます。基礎控除額は、「5,000万円＋1,000万円×法定相続人の人数」で計算します。正味の遺産額が基礎控除額以内であれば、相続税は課税されないのです。

> 正味の遺産額＝（遺産総額＋相続時精算課税の適用を受ける贈与財産）－（非課税財産＋被相続人の債務＋葬式費用）＋相続開始前3年以内に被相続人から贈与を受けた財産の贈与時の評価額

(2)　遺産総額には、土地や建物のような不動産、宝石や名画のような動産、定期預金や売掛金のような債権のほか特許権のような無体財産権その他の財産的価値を有する権利も含みます。

(3)　相続時精算課税とは、平成15年1月以後に65歳以上の親から20歳以上の子が財産の贈与を受けた場合に相続時に精算をする制度をいいます（本章のQ21の4参照）。

(4)　非課税財産（相続税の課税されない財産）には次のようなものがあります。
　　① 祭祀財産（仏壇、墓碑、墓地、位牌、祭具など祖先の祭祀に使用するもの）

② 生命保険金のうち「500万円×法定相続人の人数」の額まで
③ 死亡退職金のうち「500万円×法定相続人の人数」の額まで
④ 国、地方公共団体、特定の公益法人に寄付した財産

被相続人に養子がいる場合の法定相続人の人数に含める養子の人数は、実子がいる場合は1人、実子がいない場合は2人までとなります。

2 相続税の計算方法

相続税の計算方法は、次のようにします。

> (1) 正味の遺産額 − 基礎控除額 = 課税遺産総額
>   基礎控除額は「5,000万円 + 1,000万円×法定相続人の人数」で計算します。
> (2) 課税遺産総額×法定相続分 = 各法定相続分に応ずる遺産額
> (3) 各法定相続分に応ずる遺産額×相続税の税率 = 各法定相続人ごとの税額
> (4) 各法定相続人ごとの税額の合計×取得額による割合（按分〈あんぶん〉）= 各人の税額

例えば、正味の遺産額が2億円で、法定相続人に妻と子AB2人がいる鈴木さんの家族の場合は、次のように計算します。

(1) （正味の遺産額）2億円 −（基礎控除額）8,000万円 =（課税遺産総額）1億2000万円
    （基礎控除額は「5,000万円 + 1,000万円×3人」= 8,000万円）
(2) （課税遺産総額）1億2000万円×法定相続分（妻2分の1、子各4分の1）= 各法定相続分に応ずる遺産額
    妻 = 1億2000万円×法定相続分2分の1 = 6,000万円
    子A = 1億2000万円×法定相続分2分の1×2分の1 = 3,000万円
    子B = 1億2000万円×法定相続分2分の1×2分の1 = 3,000万円
(3) 各法定相続分に応ずる遺産額×相続税の税率 = 各法定相続人ごと

の税額

　　妻＝6,000万円×30％－700万円＝1,100万円

　　子Ａ＝3,000万円×15％－50万円＝400万円

　　子Ｂ＝3,000万円×15％－50万円＝400万円

(4)　各法定相続人ごとの税額の合計×取得額による割合（按分）＝各人の税額

　　相続税の合計1,900万円×相続割合＝各人の税額

　　妻＝1,900万円×2分の1＝950万円

　　子Ａ＝1,900万円×4分の1＝475万円

　　子Ｂ＝1,900万円×4分の1＝475万円

(5)　この場合は妻には配偶者控除があるので、実際には税額0となり、子Ａと子Ｂとは、次の未成年者控除や障害者控除のない場合には、各475万円ずつ納付することになります。

3　特別の控除と税率

税額軽減の措置として次の相続人には特別の控除が認められています。

(1)　配偶者控除として、配偶者が実際に取得した正味の遺産額が1億6000万円までか、1億6000万円を超えていても正味の遺産額の法定相続分に相当する金額までであれば、配偶者には相続税は課税されません。上例の妻は、950万円全額につき税額軽減が受けられます。

(2)　未成年者控除として、相続人が未成年者の場合には、20歳に達するまでの年数1年につき税額から6万円が控除されます。上例の子ＡＢが未成年者の場合には、この控除が受けられます。

(3)　障害者控除として、相続人が障害者の場合には、70歳に達するまでの年数1年につき税額から6万円（特別障害者は12万円）が控除されます。上例の子ＡＢが障害者の場合は、この控除が受けられます。

(4)　歴年課税（1年ごとに計算する場合）の贈与税額控除として、正味の遺産額として加算された「相続開始前3年以内の贈与財産」の

価額に対する贈与税額が税額から控除されます。
(5) 相続時精算課税の贈与税額控除として、遺産総額に加算された「相続時精算課税の適用を受ける贈与財産」の価額に対する贈与税額が税額から控除されます。控除しきれない場合は、申告をすることにより還付されます（Q21の4を参照）。
(6) 以上のほか、全員に次の控除額が認められています。

法定相続分に応ずる取得遺産額	税　率	控　除　額
1,000万円以下	10%	0
3,000万円以下	15%	50万円
5,000万円以下	20%	200万円
1億円以下	30%	700万円
3億円以下	40%	1,700万円
3億円超	50%	4,700万円

4　土地や建物の評価の方法

相続税の計算をする場合の土地や建物の評価の方法は、次のようになります。
(1) 土地の評価方法には、①路線価方式と②倍率方式の２つがあります。

　①　路線価方式とは、路線（道路）に面する標準的な土地の１平方メートル当たりの価額をもとに計算する方法をいいます。この路線価を記載した地図を「路線価図」といいますが、各税務署の税務相談室などに備付けていますから、誰でも、いつでも自由に閲覧することができます。路線価方式による評価額の計算は、例えば、路線（道路）に面した正面路線価が30万円で面積が180平方メートルの場合は、評価額は30万円× 180 = 5,400万円となりますが、路線に面していない場合は奥行価格補正がなされます。

　②　倍率方式とは、路線価の定められていない地域（例えば、田園地帯、山林）についての土地の評価方式をいいます。倍率方式に

よる場合は、固定資産税評価額に一定の倍率を乗じて計算します。この倍率は「評価倍率表」としてまとめられ、各税務署の税務相談室などに備付けていますから、誰でも、いつでも自由に閲覧することができます。

③ 被相続人が事業や住まいなどに使用していた土地のうち200平方メートル（一定の事業用・国の事業用の土地の場合は400平方メートル）までの部分（小規模宅地）については、次の割合で評価額が減額されます。

(a) 居住用・事業用その他一定要件を満たすもの　80％減額
(b) その他（(a)以外）　　　　　　　　　　　　50％減額

(2) 相続税を計算する場合の建物の評価方法は、建物の固定資産税評価額によって評価をします。

5　相続税の申告と納税

相続税の申告と納税は、次のように行います。

(1) 相続税の申告と納税は、相続の開始（被相続人の死亡）があったことを知った日の翌日から10カ月以内に、被相続人の最後の住所地を管轄する税務署に申告し納税することとされています。

(2) 相続税額が10万円を超え、かつ、納付期限までに金銭で納付することを困難とする事由があるときは、年賦で納付する延納の制度がありますが、この場合には利子税がかかるほか原則として担保の提供が必要です。延納の制度によっても金銭で納付することを困難とする事由があるときは、相続した財産で納める物納の制度もありますが、物納に適する遺産に限られます。これらの制度を利用する場合には、納付期限までに必要書類を添付して申請する必要があります。

(3) 相続税の納付については、共同相続人（複数の相続人）相互間で連帯して納付する義務があるとされています。

Q21 贈与税の仕組みは、どのようになっていますか

1 贈与税の仕組み

贈与税の仕組みは、次のようになっています。

(1) 贈与税の課税は、個人から1年間（その年の1月1日から12月31日までの歴年）に110万円を超える財産の贈与を受けた場合に課税されます。個人から贈与を受けた場合に限られますから、会社のような法人（人間以外で権利義務の主体となれるもの）から財産の贈与を受けた場合には贈与税は課税されませんが、一時所得として所得税が課税されます。

(2) 被相続人から生前に相続人に贈与される場合は、実質的には、生前の相続ともいえるものですから、贈与税は、相続税の補完的な性質を持つものといえますので、贈与税については相続税法に規定されています。

(3) 贈与税の課税方法には、従来からの、①歴年課税（その年の1月1日から12月31日までの歴年ごとに課税する方法）と平成15年1月からの、②相続時精算課税（一定の要件を満たす場合に利用可能）の二つがあり、いずれかを選択することができます。

　②を選択した場合は、特別控除額として、2,500万円を贈与財産額から控除することのできる有利な点がありますが、Q21の4の要件を満たした場合に限られます。

2 「歴年課税」の贈与税の計算

「歴年課税」の贈与税の計算の方法は、次のように行います。

(1) その年の1月1日から12月31日までの1年間に、個人から贈与を受けた財産の価額を合計します。

(2) 次に、贈与を受けた財産の合計価額から基礎控除額110万円を差し引き、その残額（課税価格）に下記の税率を乗じた額が贈与税の額となります。

> (1) 贈与を受けた財産の合計額－基礎控除額110万円＝課税価格
> (2) 課税価格×贈与税の税率－控除額＝贈与税の税額

贈与税の税率と控除額は、次のようになっています。

基礎控除をした後の課税価格	税　率	控　除　額
200万円以下	10%	0
300万円以下	15%	10万円
400万円以下	20%	25万円
600万円以下	30%	65万円
1,000万円以下	40%	125万円
1,000万円超	50%	225万円

例えば、500万円の贈与を受けた場合の贈与税の計算は、次のようになります。

（贈与された額500万円－基礎控除額110万円）×税率20％－控除額25万円＝贈与税額53万円

3　贈与税の計算（暦年課税）の特例

贈与税の計算（暦年課税）の特例には、次の特例があります。
(1) 配偶者控除の特例として、婚姻期間20年以上の夫婦の間で居住用不動産または居住用不動産の購入資金の贈与があった場合は、贈与税の申告をすれば基礎控除110万円のほかに最高2,000万円までの配偶者控除が受けられます。この配偶者控除は、同一配偶者間では一生に一度しか受けられません。この配偶者控除の特例の適用を受けるためには、贈与税の申告書にその旨の記載をするとともに指定された書類を添付します。

(2) 住宅取得資金の特例として、平成17年12月31日までに父母や祖父母から住宅取得資金の贈与を受けた場合は一定の要件に該当する場合に限り1,500万円までの部分について5分5乗方式（贈与を受けた財産価額を5分の1にして税額を計算し、その税額を5倍して納税額を計算する方法）により贈与税額を計算する特例を受けることができます。この特例を受けた場合には550万円までの住宅取得資金の贈与については贈与税はかかりません（平成18年以降、この特例が続くかどうかは未定です）。

4　相続時精算課税

「相続時精算課税」とは、贈与を受けた時に贈与財産に対する贈与税を支払い、贈与者が死亡した時に、その贈与財産と遺産とを合計した価額をもとに相続税を計算して、既に支払った贈与税額を控除する制度をいいます。

(1) 相続時精算課税制度は、次の要件に該当する場合に、贈与者が異なるごとに選択することができます。

① この制度の対象となる贈与者は、贈与をした年の1月1日現在で65歳以上であることが必要です。

② この制度の対象となる受贈者（贈与を受けた者）は、贈与をした年の1月1日現在で20歳以上の贈与者の推定相続人である子（子が死亡している場合は20歳以上の孫）に限られます。

(2) 相続時精算課税制度の適用を選択した場合には、その後、同じ贈与者からの贈与について「歴年課税」制度の適用を受けることはできません。

(3) 相続時精算課税制度の適用を選択した場合の贈与税額の計算は、贈与者ごとに、その年の1月1日から12月31日までの1年間に贈与を受けた財産の合計金額から2,500万円の特別控除をした後の残額に20％の税率を乗じた金額が贈与税額となります。この場合の特別控除額は、前年以前に特別控除をした金額の残額となります。例

えば、1年目に1,500万円の特別控除をした場合は、2年目以降は1,000万円の特別控除しかできません。

(4) 相続時精算課税制度の適用を受けるには、贈与税の申告期間内に「相続時精算課税選択届出書」を贈与税の申告書に添付して提出する必要があります。この届出書には、受贈者の戸籍謄本・住民票写し・贈与者の相続時精算課税制度の適用を受ける財産を贈与したことを証明する書類などを添付する必要があります。

(5) 過去に相続時精算課税制度の適用を受けている者が、その適用に係る贈与者以外の者から贈与を受ける財産について相続時精算課税制度の適用を受ける場合には、新たに贈与税の申告期間内に「相続時精算課税選択届出書」を提出します。

(6) 例えば、子Aが親Bから2年にわたり財産の贈与を1年目に1,500万円、2年目に1,800万円を受けた場合に1年目から相続時精算課税制度の適用を受けた場合の贈与税の計算は次のようになります。

　1年目は、贈与財産1,500万円−特別控除額1,500万円＝0円（この場合は、贈与税はかかりません）（特別控除額は最大2,500万円ですから、残額の1,000万円は、2年目以降に繰り越されます）

　2年目は、贈与財産1,800万円−特別控除額1,000万円＝800万円
　特別控除後の課税価格800万円×税率20％＝贈与税額160万円

5　贈与税の申告と納税

贈与税の申告と納税は、次のように行います。

(1) 贈与税の申告と納税は、贈与を受けた年の翌年2月1日から3月15日までの申告期間内に行います。「相続時精算課税選択届出書」を提出する場合は、この申告期間内に贈与税の申告書とともに提出します。

(2) 贈与税の納税期限も申告期限と同じですが、贈与税額が10万円を超え、かつ、納付期限までに金銭で納付することを困難とする事由がある場合は、申請によって5年以内の年賦（1年ごとの分割払い）

で納付する延納の制度があります。この延納をする場合には利子税がかかるほか、原則として担保の提供が必要とされています。
(3)　贈与税の納税については、財産を贈与した者（贈与者）と贈与を受けた者（受贈者）との間で連帯納付の義務があります。

Q22 生命保険金にかかる税金は、どのようになりますか

1 死亡保険金に係る税金

死亡保険金に係る税金は、生命保険契約における保険料負担者（契約者）、被保険者（死亡者）、保険金受取人によって次のように異なります。

(1) 保険料負担者（契約者）が被保険者（死亡者）で自分を保険金受取人としていた場合は、相続人が保険金受取人の地位を承継しますから、死亡保険金は相続財産に含まれます。従って、遺言のない場合は法定相続人が法定の割合で相続をすることになります。この場合の死亡保険金相続税の対象となり、相続税の計算は、「死亡保険金－（500万円×法定相続人の人数）＝相続税の課税財産」となります。死亡保険金のうち「500万円×法定相続人の人数」の額が非課税財産として扱われます。

(2) 保険料負担者（契約者）と保険金受取人が同一で被保険者（死亡者）が異なる場合は、一時所得として課税されます。この一時所得の場合の課税所得の計算式は、「（死亡保険金－払込保険料－特別控除50万円）×2分の1」となります。

(3) 保険料負担者（契約者）、被保険者（死亡者）、保険金受取人のすべてが異なる場合は、保険料負担者（契約者）から保険金受取人に贈与があったものとして贈与税が課税されます。この場合の贈与税の課税価格は、「死亡保険金－基礎控除額110万円」として計算をします。

2 保険金を受け取った場合の課税関係

保険金を受け取った場合の課税関係は、その保険金が死亡によるものか、満期によるものか、保険料負担者が誰なのかによって次のように異なりま

す。例えば、夫と妻の関係でみると次のようになります。

保険料負担者 （契約者）	被保険者	保険金受取人	保険事故等	課税関係
夫	夫	妻	夫の死亡	妻に相続税
夫	夫	妻	満期	妻に贈与税
夫	妻	妻	夫の死亡	妻に相続税
夫	妻	夫	妻の死亡	夫の一時所得
夫	妻	夫	満期	夫の一時所得
夫	夫	夫	満期	夫の一時所得

(1) 年金方式で保険金を受け取る場合は、その年ごとの一時所得となります。

(2) 保険商品によっては20％の源泉徴収のみで納税が完了するものもあります。

(3) 上の一時所得の場合の課税所得の計算式は「（保険金－支払保険料－50万円）×2分の1」となります。

Q23 住民税は、どのようになっていますか

1 住民税

住民税には、市町村民税と道府県民税とがあり、それらは個人に対するものと法人（会社など）に対するものとがあります。国税の所得税の確定申告をした場合は、その写しが地方自治体にも行きますので、地方税の住民税の確定申告をする必要はありません。住民税は、次のように課税・徴収されます。在職中は給与から天引きされていましたが、定年退職後は自分で確定申告をし、自分で納付する義務があります。

(1) 個人の市町村民税には、①均等割と②所得割とがあり、道府県民税と併せて課税することとされています。道府県民税も①均等割と②所得割とがあります。

(2) 個人の住民税（市町村民税と道府県民税）を納める者は、その自治体に住所を有するものとされていますが、①生活保護法に規定する生活扶助を受けている者（医療扶助、教育扶助など生活扶助以外のものは除く）と、②障害者、未成年者、老年者、寡婦、寡夫で前年の合計所得金額が125万円以下であった者には課税されません。

2 税額の計算

税額の計算は、次のようになります。

(1) 均等割

市町村民税	3,000 円
道府県民税	1,000 円
合　計	4,000 円

(2) 所得割

課税所得金額	市町村民税	控除額
200万円以下の金額	3%	0
200万円を超　700万円以下の金額	8%	10万円
700万円を超える金額	10%	24万円

課税所得金額	道府県民税	控除額
200万円以下の金額	2%	0
200万円を超　700万円以下の金額	2%	0
700万円を超える金額	3%	7万円

　　例えば、課税所得金額が230万円の場合の所得割額は次の税額となります。

　　市町村民税 ＝ 230万円 × 8% − 100,000円 ＝ 84,000円

　　道府県民税 ＝ 230万円 × 2% −　　　0円 ＝ 46,000円

(3) 課税所得金額の計算の手順は、次のようになります。

　　収入金額 − 必要経費または給与所得控除等の金額 ＝ 所得金額

　　所得金額 − 所得控除額 ＝ 課税所得金額

　　所得金額の計算は、所得税の場合と同じです。所得控除額には、基礎控除、社会保険料控除、生命保険料控除、損害保険料控除、扶養控除その他の控除があります。

3　市町村民税と道府県民税の納税

　市町村民税と道府県民税の納税は、両者を併せて納税することとされていますが、その徴収方法には、①普通徴収と、②特別徴収の方法とがあります。

(1) 普通徴収として、年金所得者、事業所得者などの住民税は、所得税の確定申告にもとづいて計算された税額を「納税通知書」によって各納税者が6月、8月、10月、12月の4回の納付期限に分けて納付します。

(2) 特別徴収として、給与所得者の住民税は、勤務先からの給与支払

報告書にもとづいて計算された税額が勤務先から各納税者に通知され、勤務先（特別納税義務者）が6月から翌年5月まで年12回に分けて毎月の給与から天引きして納税者に代わって納付することとされています。

第 4 章●
相続の仕組みは、どのようになっていますか

Q24 相続とは、どういうことですか

1 相続とは

相続とは、人の死亡によって、その人の財産上の一切の権利や義務を死者と一定の関係のある者に引き継がせることをいいます。この場合の相続される死者を「被相続人」といい、財産上の権利や義務を引き継ぐ人を「相続人」といいます。

(1) 相続人になれる人は、民法によって決まっており、民法に定める相続人（法定相続人といいます）以外の人を被相続人が勝手に相続人として指定することはできません。例えば、法定相続人以外の友人とか、お世話になった人を相続人として指定することはできないのです。この制度を法定相続制度といいます。ただし、友人やお世話になった人に遺言で遺産を贈与することはできます。このことを遺贈といいます。

(2) 相続人となるためには、被相続人の死亡時点（相続開始時）において相続人が生存している必要がありますが、このことを同時存在の原則といいます。死亡時点で相続人が生存しておればよく、相続人が死亡の事実を知らなくてもかまいません。ただ、例外として、出生前の胎児は相続については既に生まれたものとみなされますから相続人になります。しかし、胎児が死体で生まれたときは、最初から胎児がいなかったものとして取り扱います。胎児が、生きて生まれて、すぐ死亡した場合は相続人となります。

(3) 相続人が複数いる場合の相続できる者の優先順位は民法によって定まっており、同順位の各相続人の相続分（分け前の割合）も、被相続人の遺言で指定のない限り、民法の定める割合（法定相続分）によることになります。被相続人の遺言で指定のある場合は、法定

相続分によらず遺言の指定によります。

2　相続開始の時期

　相続は被相続人の死亡によって開始しますが、相続開始の時期は死亡の瞬間であって、相続人が被相続人の死亡を知っているかどうかは問わず、被相続人の財産上の権利や義務を当然に引き継ぐことになり、何らの手続も必要ありません。誰の所有でもないという状態（無主の状態）は生じないのです。

(1)　相続は被相続人の死亡の時点から被相続人の財産上の一切の権利や義務を引き継ぐことになりますから、被相続人の土地・建物・現金・宝石といったプラスの財産（積極財産・権利）のほか、借金のようなマイナスの財産（消極財産・義務）も承継することになります。

　　ただし、プラスの財産よりも借金のようなマイナスの財産が多い場合などには、相続人は、初めから相続人とならなかったものとみなされる相続放棄の制度を利用することができますし、プラスの財産の限度でのみマイナスの財産を相続する限定承認の制度を利用することもできます。プラスの財産だけを相続するということはできません（詳細は放棄についてはQ34、限定承認についてはQ35参照）

(2)　相続財産（遺産）の範囲は、相続開始の時（被相続人の死亡時点）に被相続人に属した一切の権利義務とされていますが、例外として、①被相続人に専属した一身専属権（例えば、扶養請求権、生活保護受給権、離婚請求権）と、②位牌や墓のような祖先の祭祀を行うための財産は相続財産には含まれません。祭祀のための財産は、遺産の承継とは関係なく祭祀を主宰する者が承継します。

3　相続開始の原因

　相続開始の原因には、人の自然死亡のほか、次の失踪宣告と認定死亡があります。

(1)　相続は人の死亡によって開始しますが、失踪宣告を受けた者は死

亡したものとみなされますから、失踪宣告によっても相続は開始します。失踪宣告とは、失踪期間が7年間（戦場や沈没船にいた者などは1年間）続いた場合に家庭裁判所が死亡したものとみなす宣告をいいます。

(2) 爆発、火災、水難その他の事変があり、死体の確認はできないが、周囲の状況からみて死亡が確実であるとみられる場合に、その取り調べをした官公署（警察署など）がこれを死亡と認定して、戸籍法の規定によって、死亡地の市町村長に報告することがあります。これを認定死亡といい、失踪宣告を受けなくても法律上の死亡の効果が発生します。

Q25 相続人の範囲は、どのようになっているのですか

1 相続人になれる人の範囲

相続人になれる人の範囲は民法によって定まっており、民法に定める相続人（法定相続人といいます）以外の人を被相続人が相続人として指定することはできません。民法に定める相続人（法定相続人）は、大別すると、①配偶者相続人（夫または妻）と、②血族相続人（血筋のつながる者と養子縁組した者）とに分けることができます。血族相続人は、自然血族（血筋のつながる者）と法定血族（養親と養子のような法律上血族と同一に扱われる者）に分けられます。

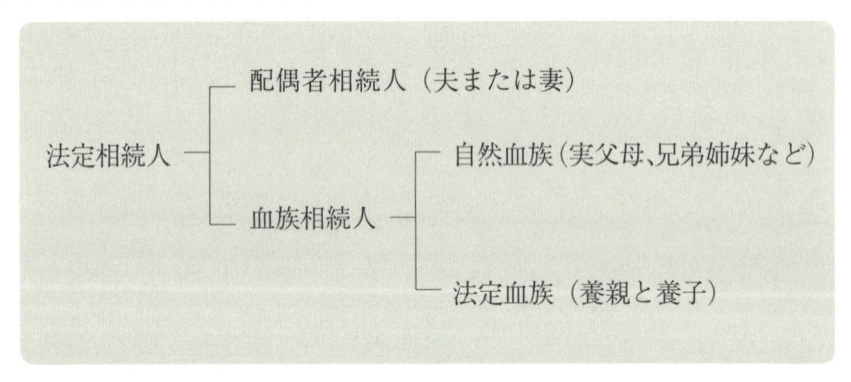

```
                    ┌─ 配偶者相続人（夫または妻）
                    │
法定相続人 ─────────┤                ┌─ 自然血族（実父母、兄弟姉妹など）
                    │                │
                    └─ 血族相続人 ───┤
                                     │
                                     └─ 法定血族（養親と養子）
```

血族の中で相続人となる者の範囲は、次の2以下に述べる通り、被相続人の①子（養子も含む）、②直系尊属（父母、祖父母など）、③兄弟姉妹に限られています。

血族相続人が相続することができる優先順位は民法で、①子（養子も含む）、②直系尊属（親等の近い者が優先する）、③兄弟姉妹の順位と定められていますが、配偶者（夫または妻）は、いずれの血族相続人がいる場合でも、常に相続人となります。

2　法定相続人が相続する優先順位

　法定相続人が相続する優先順位は、民法によって次のように定められています。配偶者は常に相続人となりますが、血族相続人は次の順位で相続人となります。先の順位の者がいる場合には、後の順位の者は相続人となることはできません。

　配偶者は、常に相続人となり、血族相続人がいる場合には、血族相続人と同順位となります。この場合の配偶者は法律上の婚姻関係にある夫婦に限られ、内縁関係の配偶者は含まれません。

> 第1順位……被相続人の子＋配偶者
> 第2順位……被相続人の直系尊属（父母、祖父母など）＋配偶者
> 第3順位……被相続人の兄弟姉妹＋配偶者

(1)　第1順位の子が相続する場合は次のようになります。

　① 　子には、実子のほか養子も含まれます。
　② 　子には、嫡出子（法律上の婚姻関係にある男女の子）のほか、非嫡出子（法律上の婚姻関係のない男女の子）も含まれます。しかし、相続分（分け前の割合）は、非嫡出子は嫡出子の2分の1となります。
　③ 　胎児は、相続については既に生まれたものとみなされますから子に含まれます。
　④ 　相続人となるはずであった子が相続開始以前に死亡したような場合には、その子の直系卑属（被相続人の孫や曾孫）が子に代わって子と同じ順位で相続人となります。このことを代襲相続といいます。
　⑤ 　各相続分は、配偶者2分の1、子2分の1となりますが、子が複数いる場合は子各人は均等の割合になります。

(2)　第2順位の直系尊属（父母、祖父母など）が相続する場合は次のようになります。

① 第2順位の直系尊属（父母、祖父母など）が相続人となる場合は、第1順位の子がいない場合、子がいても全員が相続放棄をした場合または相続資格を失った場合に限られます。

② 第2順位の直系尊属には実父母のほか養父母も含まれます。直系尊属は、血族に限られますから、配偶者の父母のような姻族は含まれません。

③ 直系尊属が相続する場合は、親等（親族関係の続柄の近さを示す単位）の近い者が優先します。例えば、父母と祖父母がいる場合は、父母は1親等、祖父母は2親等ですから、父母が優先します。父母が死亡していたり相続放棄をした場合には、祖父母が相続人となります。

④ 各相続分は、配偶者3分の2、直系尊属3分の1となりますが、直系尊属が複数いる場合は各人は均等の割合になります。

(3) 第3順位の兄弟姉妹が相続する場合

第3順位の兄弟姉妹が相続する場合は次のようになります。

① 第3順位の兄弟姉妹が相続人となる場合は、第1順位と第2順位の相続人がいない場合、それらの者がいても全員が相続放棄をした場合または相続資格を失った場合に限られます。

② 兄弟姉妹には異母兄弟姉妹や異父兄弟姉妹も含まれます。しかし、異母兄弟姉妹や異父兄弟姉妹の相続分（分け前の割合）は、父母の双方を同じくする兄弟姉妹の2分の1とされています。

③ 相続人となるはずであった兄弟姉妹が相続開始以前に死亡したような場合には、その兄弟姉妹の子（被相続人の甥や姪）が兄弟姉妹に代わって代襲相続をします。

④ 各相続分は、配偶者4分の3、兄弟姉妹4分の1となりますが、兄弟姉妹が複数いる場合は各人は均等の割合になります。

3　相続人以外の者に財産を分け与える場合には

相続人の範囲は民法によって決められていますから、相続人以外の者（例

えば、被相続人の長男の妻、内縁の妻、友人）に財産を分け与える場合には、生前に贈与（無償で財産を与える契約）をするか、被相続人の遺言によって遺贈（遺言により無償で遺産を譲与すること）をすることになります。

Q26 代襲相続とは、どういうことですか

1　代襲相続とは

　代襲相続とは、被相続人の相続開始（死亡）以前に、相続人となるはずであった子または兄弟姉妹（推定相続人・被代襲者といいます）が、次の3つのいずれかの原因によって相続権を失った場合に、その推定相続人の直系卑属（子や孫。兄弟姉妹の場合は子のみに限る）が推定相続人に代わって同一順位で相続人（代襲者）となることをいいます。

　代襲相続は、被相続人の直系尊属と配偶者には認められません。

> 代襲相続のできる3つの原因
> 1　被相続人の死亡以前の推定相続人の死亡
> 2　推定相続人の相続欠格
> 3　推定相続人の廃除

(1)　例えば、父Xと子Aが航空機事故により同時に死亡したとき（同時死亡の場合）には、子Aは父の相続人にはなりませんが、子Aの子B（Xの孫）が代襲相続をします。

(2)　相続欠格とは、推定相続人が被相続人を殺して処罰された場合、遺言書を偽造・変造した場合などの重大な違法行為によって当然に相続人の資格を失う場合をいいます。欠格事由が被相続人の死亡後に生じた場合でも代襲相続ができます。

(3)　推定相続人の廃除とは、被相続人に対する虐待、重大な侮辱、その他著しい非行を理由として被相続人の意思によって相続権を失わせる場合をいいます。被相続人の死亡後に廃除がなされた場合でも代襲相続ができます。廃除は、遺留分（法律上確保される最低限度

の分け前）を有する推定相続人を除外する制度ですが、兄弟姉妹は、遺留分も持たないので廃除されることはありません。

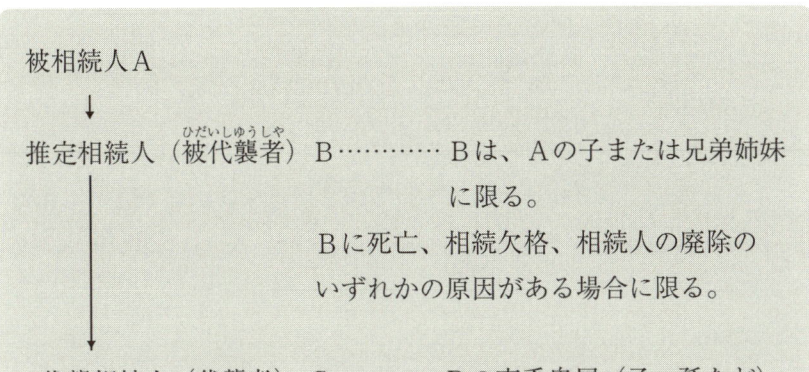

```
被相続人A
   ↓
推定相続人（被代襲者）B………Bは、Aの子または兄弟姉妹
   ↓                          に限る。
                              Bに死亡、相続欠格、相続人の廃除の
                              いずれかの原因がある場合に限る。

代襲相続人（代襲者）C………Bの直系卑属（子、孫など）
```

被相続人Aの相続人となるはずであったB（推定相続人＝被代襲者）について、死亡、相続欠格または相続人の廃除のいずれかの原因がある場合には、Bの直系卑属C（Bの子・孫など）がBを代襲してAを相続することになります。Bを被代襲者、Cを代襲相続人といいます。

(4) 例えば、被相続人に妻Aと死亡した子Bの孫Cがいる場合は次のようになります。

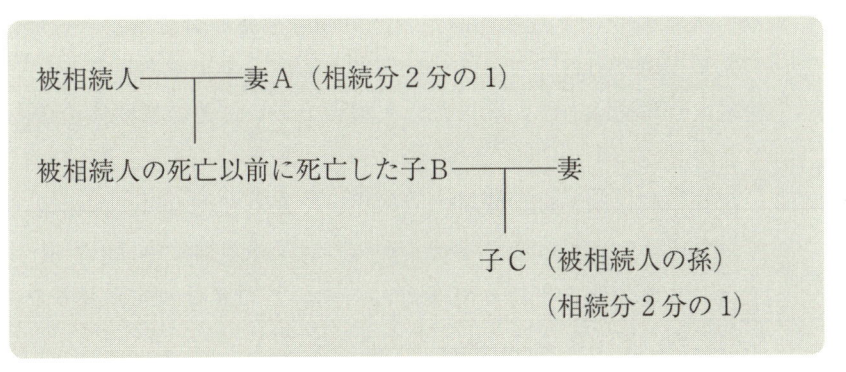

```
被相続人────妻A（相続分2分の1）
         │
被相続人の死亡以前に死亡した子B────妻
                              │
                             子C（被相続人の孫）
                                （相続分2分の1）
```

(5) 例えば、次のように、被相続人に死亡した兄Aの子Xと死亡した弟Bの子Yがいる場合（被相続人の甥・姪のいる場合）は次のように

なります。

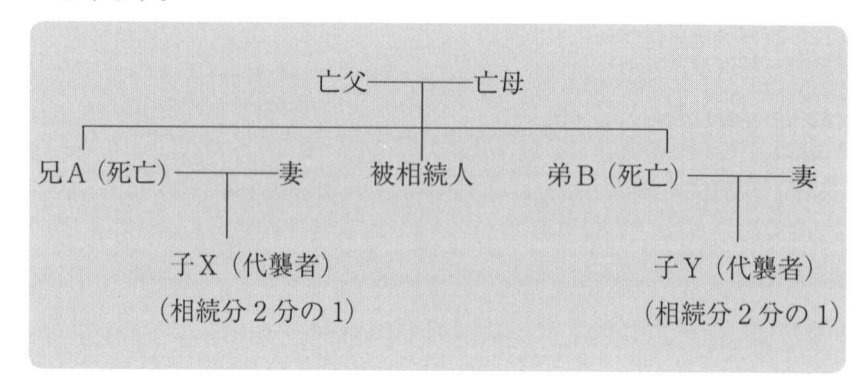

```
              亡父────亡母
    ┌──────────┼──────────┐
兄A（死亡）───妻  被相続人  弟B（死亡）───妻
         │                          │
      子X（代襲者）              子Y（代襲者）
     （相続分2分の1）            （相続分2分の1）
```

2　被代襲者となることができる者の範囲

被代襲者(ひだいしゅうしゃ)となることができる者の範囲は、①被相続人の子と②被相続人の兄弟姉妹に限られます。被相続人の配偶者や直系尊属は、被代襲者とはなりません。

　被代襲者に代わって代襲相続をする者（代襲者＝代襲相続人）は、①被代襲者である子の直系卑属（被相続人の孫や曾孫など）または②被代襲者である兄弟姉妹の子（被相続人の甥や姪）に限られています。代襲相続人には、胎児も含まれます。

(1)　代襲相続人（代襲者）となることができる者は、①被代襲者の直系卑属であること（自然血族・法定血族を問わない）、②被相続人の直系卑属であること、③相続開始前に直系卑属であること、④被相続人から廃除された者または欠格者でないことの各要件を満たすことが必要です。

(2)　代襲相続人は、被代襲者の直系卑属であるとともに、被相続人の直系卑属でなければなりませんから、養子縁組前に生まれた養子の子は、代襲相続人とはなりません。養親との間に親族関係がなく、被相続人の直系卑属でないからです。

(3)　代襲相続人は、被代襲者が相続権を失った時（死亡、相続欠格、廃除）に存在している必要はなく、相続開始時に存在しておればよ

いとされています。

(4) 代襲相続人は、被代襲者と同一の順位で、被代襲者の相続分を受けます。代襲相続人が複数いる場合は相続分は均等になります。

(5) 代襲相続人に代襲原因が発生した場合は、その子が更に代襲相続人となります。被相続人の孫に代襲原因が発生すると、孫が代襲相続人となりますが、この孫にも代襲原因が発生したときは、孫の子（曾孫）が代襲相続人となります。これを再代襲といいます。ただし、被相続人の兄弟姉妹の場合にはその子のみに限られ再代襲は認められません。

3　代襲相続の発生原因

　代襲相続の発生原因は、①被代襲者の相続開始以前の死亡、②被代襲者の相続欠格、③被代襲者の相続人からの廃除の3つに限られており、相続の放棄（相続を拒否する意思表示）は代襲原因になりません。推定相続人が相続を放棄した場合には、自分のみならず自分の直系卑属にも遺産はいらないという意味で放棄したものとみられますから、放棄した者の子は代襲相続はできないのです。

Q27 相続人から除外される場合は、どんな場合ですか

1 相続人から除外される場合

相続人から除外される場合には、①相続欠格(推定相続人が被相続人を殺して処罰された場合などの重大な違法行為によって当然に相続人の資格を失う場合)と②相続人の廃除(被相続人を虐待するなどして被相続人の意思によって相続権を失わせる場合)とがあります。

(1) 相続欠格とは、本来なら相続人になれるはずの者(推定相続人)が相続に関して不正な行為を行うことによって法律上当然に相続資格を失わせる制度をいいます。不正行為者に対する制裁の制度といえます。

(2) 相続人の廃除とは、遺留分(法律上確保される最低限度の分け前)を有する推定相続人である兄弟姉妹以外の法定相続人(被相続人の兄弟姉妹には遺留分はない)に被相続人に対する虐待、重大な侮辱その他著しい非行があった場合に、被相続人が家庭裁判所に請求をして相続権を失わせる制度をいいます。被相続人の意思による不徳義者の排除の制度といえます。

2 相続欠格の事由

相続欠格の事由として、民法は、次の5つの事由を定めており、これらのいずれかに該当する者は、法律上当然に相続人となることができません。

> ① 故意に被相続人または相続について先順位もしくは同順位にある者を死亡するに至らせ、または至らせようとしたために刑に処せられた者(過失致死や傷害致死は含まれません)
> ② 被相続人の殺害されたことを知って、これを告発せず、また

> は告訴しなかった者（その者が善悪の判断ができない者または殺害者が自分の配偶者や直系血族であった者は除かれます）
> ③ 詐欺または強迫によって、被相続人が相続に関する遺言をし、撤回し、取り消し、または変更することを妨げた者
> ④ 詐欺または強迫によって、被相続人に相続に関する遺言をさせ、撤回させ、取り消させ、または変更させた者
> ⑤ 相続に関する被相続人の遺言書を偽造し、変造し、破棄し、または隠匿した者

(1) 上の相続欠格の事由に該当する者は、法律上当然に相続人資格が剥奪されます。

(2) 相続欠格の効果は、特定の被相続人（例えば、父）に対する関係だけで相続資格が剥奪されるのであって、他の被相続人（例えば、母）に対する関係で相続資格が剥奪されることはありません。相続能力の剥奪ではないからです。

(3) 相続欠格の事由に該当する者は、遺贈を受ける資格をも失います。

(4) 相続欠格の事由が相続開始後に生じた場合でも、欠格の効果は相続開始時にさかのぼって発生します。

(5) 被相続人が相続欠格の事由に該当する者を宥恕（不正行為を許すこと）した場合には、その者の相続資格は復活すると解されています。

3 相続人の廃除の要件

相続人の廃除の要件としては、次の要件を満たすことが必要です。

(1) 廃除される者は、遺留分を有する推定相続人（兄弟姉妹以外の相続人）であること（廃除される者は、子、子の代襲者、配偶者、直系尊属であること）

(2) 廃除原因として、被相続人に対する虐待、重大な侮辱、その他の著しい非行があったこと

(3) 被相続人が家庭裁判所に廃除の請求をすること

(4) 家庭裁判所の廃除の審判または調停の成立があったこと

> 廃除の原因
> ① 被相続人に対して虐待をしたこと
> ② 被相続人に重大な侮辱を加えたこと
> ③ 推定相続人にその他の著しい非行があったこと

4 相続人の廃除の効果

相続人の廃除の効果として、廃除を請求した被相続人との関係でのみ被廃除者である推定相続人の相続権が剥奪されます。廃除により被廃除者は遺留分を含めて相続権を失います。

(1) 廃除の効力として、被相続人の相続開始（死亡）後に家庭裁判所の審判が確定した場合でも、被相続人の相続開始時（死亡時）にさかのぼって効力が生じますが、その特定の被相続人に対する関係でだけ相続権が剥奪されるのです。例えば、父に廃除された子は、母に対する相続権は失いません。

(2) 相続欠格の場合とは異なり、遺贈を受ける資格は失いません。

(3) 相続欠格の場合と相続人の廃除の場合とは、次のように異なります。

相続欠格の場合	相続人の廃除の場合
① 欠格は、被相続人の意思と無関係に法律上当然に相続資格を失う。 ② 欠格の場合は、遺贈を受ける資格も失う。 ③ 代襲原因となる。	① 廃除は、被相続人の意思による。 ② 廃除は、遺贈を受ける資格を失わない。 ③ 代襲原因となる。

(4) 被相続人は、生前の請求または遺言によって、いつでも廃除の取消を家庭裁判所に請求することができます。取消の理由は問いません。相続開始後に廃除の取消がなされた場合も廃除の効果はさかの

ぼって消滅するので、被廃除者は、相続人の地位を回復することになります。

Q28 各相続人の相続分は、どのようになるのですか

1　相続分

　相続分とは、相続人が複数いる場合の各共同相続人が遺産を承継（ある者Aが他の者Bの権利義務を受け継ぐこと）する割合（分け前の割合）をいいます。相続分の決め方には、①被相続人の遺言で指定する指定相続分と、②遺言による指定のない場合の法定相続分とがあります。各相続人の相続分は、まず、①遺言による指定のある場合には、その指定相続分によりますが、②遺言による指定のない場合には、民法に定める法定相続分によることになります。

> ①　指定相続分とは、被相続人の遺言によって指定された相続分をいいます。
> ②　法定相続分とは、被相続人の遺言による指定のない場合の民法の定める相続分をいいます。

　相続分の意味には、①上に述べた各共同相続人が遺産を承継する割合の意味のほかに、②その割合に従って計算した遺産額（相続分額）の意味や③遺産分割前の共同相続人の地位（全遺産に対する相続分権）の意味に用いられる場合もあります。

2　民法の定める法定相続分

　民法の定める法定相続分は、次のようになっています。
（1）　配偶者は常に相続人となりますが、血族相続人は、①子と代襲相続人となる直系卑属、②直系尊属（親等の近い者が優先する）、③兄弟姉妹と代襲相続人となる被相続人の甥・姪の順位で相続するこ

とになります。

(2) 先順位者がいる場合には、後順位者は相続人とはなりません。配偶者のない場合も同様に①子、②直系尊属、③兄弟姉妹の順位で、各人の相続分は均等になります。

(3) 配偶者だけが相続人の場合は単独ですべてを相続します。

> ① 配偶者と子が相続人となる場合は、配偶者が2分の1、子が2分の1　　| 配偶者 $\frac{1}{2}$ | 子 $\frac{1}{2}$ |
> ② 配偶者と直系尊属が相続人となる場合は、配偶者が3分の2、直系尊属が3分の1　　| 配偶者 $\frac{2}{3}$ | 直系尊属 $\frac{1}{3}$ |
> ③ 配偶者と兄弟姉妹が相続人となる場合は、配偶者が4分の3、兄弟姉妹が4分の1　　| 配偶者 $\frac{3}{4}$ | 兄弟姉妹 $\frac{1}{4}$ |
> ④ 同順位の子、直系尊属または兄弟姉妹が複数いる場合は、各人の相続分は均等（平等）になる
> ⑤ 子の場合に非嫡出子（法律上の婚姻関係のない男女の子）は、嫡出子（法律上の婚姻関係のある男女の子）の2分の1となる
> ⑥ 兄弟姉妹の場合に父母の一方のみを同じくする兄弟姉妹は、父母の双方を同じくする兄弟姉妹の2分の1となる

上の法定相続分によって相続する場合は、次例のようになります。

(1) 配偶者Aと嫡出子B・Cが共同相続人となる場合

　配偶者A……$\frac{1}{2}$
　嫡出子B……$\frac{1}{2} \times \frac{1}{2} = \frac{1}{4}$
　嫡出子C……$\frac{1}{2} \times \frac{1}{2} = \frac{1}{4}$

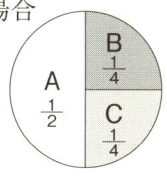

(2) 配偶者A、嫡出子B・C、非嫡出子Dが共同相続人となる場合

　配偶者A……$\frac{1}{2}$
　嫡出子B……$\frac{1}{2} \times \frac{2}{(2+2+1)} = \frac{2}{10}$
　嫡出子C……$\frac{1}{2} \times \frac{2}{(2+2+1)} = \frac{2}{10}$
　非嫡出子D……$\frac{1}{2} \times \frac{1}{(2+2+1)} = \frac{1}{10}$

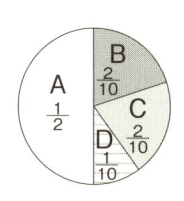

Q 28——各相続人の相続分は、どのようになるのですか

（非嫡出子Dの相続分は嫡出子の2分の1となる）

(3) 配偶者A、養父B、養母C、実母Dが共同相続人となる場合

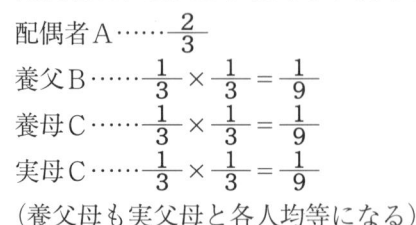

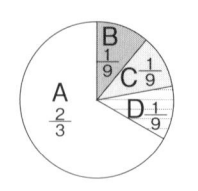

配偶者A……$\frac{2}{3}$

養父B……$\frac{1}{3} \times \frac{1}{3} = \frac{1}{9}$

養母C……$\frac{1}{3} \times \frac{1}{3} = \frac{1}{9}$

実母C……$\frac{1}{3} \times \frac{1}{3} = \frac{1}{9}$

（養父母も実父母と各人均等になる）

(4) 配偶者A、父母の双方を同じくする弟B、父母の一方のみを同じくする妹Cが共同相続人となる場合

配偶者A……$\frac{3}{4}$

弟B……$\frac{1}{4} \times \frac{2}{(2+1)} = \frac{2}{12}$

妹C……$\frac{1}{4} \times \frac{1}{(2+1)} = \frac{1}{12}$

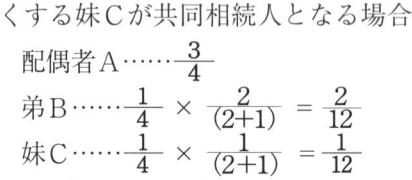

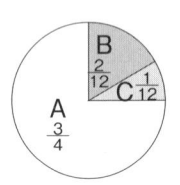

（父母の一方のみを同じくする兄弟姉妹は、父母の双方を同じくする兄弟姉妹の2分の1となる）

(5) 配偶者A、嫡出子B、非嫡出子Cの子D・Eが共同相続人となる場合

配偶者A……$\frac{1}{2}$

嫡出子B……$\frac{1}{2} \times \frac{2}{(2+1)} = \frac{2}{6}$

非嫡出子Cの子D……$\frac{1}{2} \times \frac{1}{(2+1)} = \frac{1}{6} \times \frac{1}{2} = \frac{1}{12}$

非嫡出子Cの子E……$\frac{1}{2} \times \frac{1}{(2+1)} = \frac{1}{6} \times \frac{1}{2} = \frac{1}{12}$

（非嫡出子Cの子D・Eは、Cの代襲相続人としてCの相続分を分ける）

3　各相続分の指定

被相続人は、遺言で共同相続人（複数の相続人）の各相続分を指定することができますし、遺言でその指定を第三者に委託することもできます。被相続人がなす相続分の指定または第三者への指定の委託は、必ず遺言による必要があります。被相続人の指定によって定まる相続分を指定相続分といいます。

(1) 各共同相続人は、指定された相続分に応じて、被相続人の権利義務を承継します。委託を受けた第三者が行う指定は、相続開始（死亡）後に行われますが、その指定の効力は相続開始時にさかのぼります。委託を受けた第三者が指定を拒否したり死亡した場合には法定相続分によります。

(2) 相続分の指定が共同相続人の一部の者についてだけなされた場合は、他の共同相続人の相続分は、法定相続分によります。

(3) 被相続人の遺言による相続分の指定または委託を受けた第三者の指定は、遺留分（兄弟姉妹以外の相続人のために法律上確保される最低限度の分け前の割合）の規定に反することはできないとされています。しかし、遺留分の規定に反する指定は無効ではなく、遺留分を侵害された者から侵害している他の相続分の減殺（減らすこと）を請求することができるとされています。つまり、自分の遺留分を侵害された者は、自分の遺留分を保全するのに必要な限度で、遺贈や贈与の減殺を請求できるのです（Q29の4参照）。

(4) 相続分の指定があった場合に、その効力が相続債務にも及ぶかについて問題となりますが、多数説は、債権者は、各共同相続人に対して法定相続分に応じた請求をすることができると解しています。

(5) 相続人の中に自分の相続を放棄した者がいても、相続分の指定を受けた相続人の指定相続分には変更を生じません。相続を放棄した者がいる場合には法定相続分は増加する場合がありますが、指定相続分には変更はないのです。相続分の指定を受けた相続人であっても、相続を放棄することはできます。

Q29 遺留分とは、どういうことですか

1 遺留分とは

遺留分とは、被相続人の兄弟姉妹以外の相続人のために法律上確保される最低限度の分け前の割合をいいます。遺留分を有する者は、兄弟姉妹以外の法定相続人とされています。兄弟姉妹以外の法定相続人とは、①被相続人の子、②子の代襲者（子の直系卑属）、③直系尊属、④配偶者をいいます。遺留分を有する者を遺留分権利者といいますが、胎児も生きて生まれれば、子としての遺留分を有することになります。

遺留分権利者は、相続人となることができる者であることが必要ですから、①相続欠格事由に該当する者、②被相続人から廃除された者、③相続を放棄した者は、遺留分権利者にはなりません。しかし、①相続欠格事由に該当する者と、②被相続人から廃除された者の代襲相続人は遺留分権利者となります。

2 遺留分の割合

遺留分の割合は、遺留分権利者（相続人）によって異なり、遺留分権利者全体の遺留分の割合は、①遺留分権利者が直系尊属（父母、祖父母など）だけの場合には、被相続人の遺産の3分の1であり、②その他の場合（配偶者だけの場合、子だけの場合、配偶者と子の場合、その他）には、被相続人の遺産の2分の1となっています。

> ① 遺留分権利者が直系尊属だけの場合は、遺産の3分の1
> ② その他の場合は、遺産の2分の1

遺留分権利者が複数いる場合には、遺留分権利者全体の遺留分に各法定

相続分の割合を乗じた割合が、各遺留分権利者の遺留分となります。

遺留分の計算は、次のようになります。
(1) 相続人が子A・B・Cの3人だけの場合の遺留分
　　子A・B・Cの各人の遺留分は、遺産の $\frac{1}{2} \times \frac{1}{3} = \frac{1}{6}$
(2) 相続人が実父A・実母Bの2人だけの場合の遺留分
　　実父A・実母Bの各人の遺留分は、遺産の $\frac{1}{3} \times \frac{1}{2} = \frac{1}{6}$
(3) 相続人が嫡出子A・B、非嫡出子Cの場合の遺留分
　　嫡出子Aの遺留分は、遺産の $\frac{1}{2} \times \frac{2}{(2+2+1)} = \frac{2}{10}$
　　嫡出子Bの遺留分は、遺産の $\frac{1}{2} \times \frac{2}{(2+2+1)} = \frac{2}{10}$
　　非嫡出子Cの遺留分は、遺産の $\frac{1}{2} \times \frac{1}{(2+2+1)} = \frac{1}{10}$
(4) 相続人が配偶者Aと嫡出子B・Cの場合の遺留分
　　配偶者Aの遺留分は、遺産の $\frac{1}{2} \times \frac{1}{2} = \frac{1}{4}$

　　嫡出子Bの遺留分は、遺産の $\frac{1}{2} \times \frac{1}{2} \times \frac{1}{2} = \frac{1}{8}$

　　嫡出子Cの遺留分は、遺産の $\frac{1}{2} \times \frac{1}{2} \times \frac{1}{2} = \frac{1}{8}$

3　遺留分の計算の基礎

遺留分の計算の基礎となる遺産の額は、被相続人が相続開始時（死亡時）に有した相続財産（積極財産額）に贈与した財産額を加え、その合計額から被相続人の債務額（消極財産額）を控除した額となります。

遺留分の計算の基礎となる遺産額	＝	被相続人が相続開始時に有した財産額＋贈与した財産額－被相続人の債務額

(1) 贈与した財産額には、①相続開始前1年間に贈与した財産の価額のほか、②それ以前の贈与でも贈与者・受贈者双方が遺留分権利者に損害を加えることを知ってした贈与の価額も加算します。③不相当な低価格で相続人と取引し遺留分権利者に損害を加えることを知ってした行為は贈与とみなされます。④生前に婚姻・養子縁組のためまたは生計の資本として贈与された額も含まれます。

(2) 遺贈（遺言による遺産の無償譲与）の目的である財産は加算されません。それは、相続開始時の遺産に含まれているからです。

4 遺留分の侵害がある場合

遺留分の侵害がある場合には、遺留分権利者やその承継人（権利者の相続人や相続分の譲受人）は、自分の遺留分を保全するのに必要な限度で、遺贈や贈与の減殺（げんさい）（減らすこと）を請求することができます。この請求権を遺留分減殺請求権といいます。遺留分減殺請求権は、相続の開始と減殺すべき贈与や遺贈があったことを知った時から1年間これを行使しない場合には時効によって消滅します。知らなくても相続開始時から10年を経過した場合も消滅します。

減殺を受ける贈与や遺贈が併存する場合には、次の順序で減殺することになります。

> (1) 贈与と遺贈とがある場合は、先に遺贈を減殺した後でなければ、贈与を減殺することはできません。つまり、遺贈、贈与の順に減殺するのです。
> (2) 遺贈が複数ある場合は、遺言で別段の意思表示のない限り、その目的の価額の割合に応じて減殺します。つまり、按分額で各遺贈を減殺します。
> (3) 贈与が複数ある場合は、後からした贈与（新しい贈与）から先に減殺し、順次に前の贈与に及ぶようにします。

(1) 先に減殺すべき贈与の受贈者が無資力であって遺留分権利者が満足を得られない場合でも、その損失は遺留分権利者が負担することとされています。別の贈与を減殺することはできないのです。
(2) 複数の贈与が同時になされた場合については明文の規定はないものの、遺贈の場合に準じて各贈与の価額に応じて按分額で各贈与を減殺すべきであると解されています。

5　遺留分の放棄

　遺留分の放棄は、相続開始（死亡時）前でもできますが、家庭裁判所の許可を受けることが必要です。相続開始後においては、家庭裁判所の許可は必要ありません。

　共同相続人（複数の相続人）の1人のした遺留分の放棄は、他の共同相続人の遺留分には影響しません。他の共同相続人の遺留分が増加することはないのです。

Q30 特別受益者と寄与者の相続分は、どのようになりますか

1 特別受益者

特別受益者とは、共同相続人（複数の相続人）の中で、被相続人から生前に婚姻や養子縁組のため、または生計の資本として贈与を受けていたり、遺贈（遺言による遺産の無償譲与）を受けた者をいいます。

(1) 特別受益の範囲は、次のように限定されています。

> (1) 被相続人から生前に①婚姻のためもしくは②養子縁組のため、または③生計の資本として受けた贈与
> (2) 被相続人から受けた遺贈（遺言による遺産の無償譲与）

(2) 特別受益者の相続分は、次のように計算します。

> 特別受益者の相続分＝（相続開始時の財産価額＋生前贈与の価額）× 特別受益者の指定または法定相続分－生前贈与や遺贈の価額

例えば、被相続人Aの相続開始時の財産価額が1,000万円で、相続人に配偶者B、子C、D、Eの3人がいて、Eが生前に特別受益として200万円の贈与を受けていた場合の各相続人の相続分は、次のようになります。

配偶者B……（1,000万円＋200万円）× $\frac{1}{2}$ ＝ 600万円

子C……（1,000万円＋200万円）× $\frac{1}{2}$ × $\frac{1}{3}$ ＝ 200万円

子D……（1,000万円＋200万円）× $\frac{1}{2}$ × $\frac{1}{3}$ ＝ 200万円

子E……（1,000万円＋200万円）× $\frac{1}{2}$ × $\frac{1}{3}$ － 200万円 ＝ 0円

2 寄与者

寄与者とは、共同相続人（複数の相続人）の中で、被相続人の事業に関

する労務の提供または財産上の給付、被相続人の療養看護その他の方法により被相続人の財産の維持または増加につき特別の寄与をした者をいいます。

(1) 寄与分を受けることができる者（寄与分権利者）は相続人に限られていますから、例えば、内縁の妻や事実上の養子（法律上の養子縁組をしていない養子）は相続人になりませんので、特別の寄与があっても寄与分を取得することはできません。相続欠格者や相続人の廃除を受けた者も相続人になりませんから寄与分を取得することはできません。

(2) 寄与分を受けるためには、相続人が、次のような特別の寄与によって被相続人の財産の維持または増加をさせたことが必要です。

> ① 被相続人の事業に関する労務の提供または財産上の給付がなされたこと
> ② 被相続人の療養看護に努めたこと
> ③ その他の方法による特別の寄与

(3) 寄与分の決定手続は、まず、共同相続人の間の協議によって決定しますが、協議が調（ととの）わない場合や協議ができない場合には、寄与者は家庭裁判所に調停または審判を申し立てます。家庭裁判所は、寄与の時期、寄与の方法や程度、相続財産の額その他の一切の事情を考慮して寄与分を決定します。

(4) 寄与者（寄与分権利者）の相続分は、次のように計算します。

寄与者の相続分 ＝（相続開始時の財産価額 − 寄与分の価額）×寄与者の指定相続分または法定相続分 ＋ 寄与分の価額

特別受益者と寄与者の相続分の計算の違いは、みなし相続財産として、①特別受益者では相続財産に贈与による特別受益を加算するのに対して、②寄与者では相続財産から寄与分の価額を控除します。

例えば、被相続人Ａの相続開始時の財産価額が1,000万円で、相続人に

配偶者B、子CDEの3人がいて、Eの寄与分が100万円の場合の各相続人の相続分は、次のようになります。

　　配偶者B……（1,000万円 − 100万円）× $\frac{1}{2}$ ＝ 450万円

　　子C……（1,000万円 − 100万円）× $\frac{1}{2}$ × $\frac{1}{3}$ ＝ 150万円

　　子D……（1,000万円 − 100万円）× $\frac{1}{2}$ × $\frac{1}{3}$ ＝ 150万円

　　子E……（1,000万円 − 100万円）× $\frac{1}{2}$ × $\frac{1}{3}$ ＋ 100万円 ＝ 250万円

Q31 相続財産の範囲は、どのようになっているのですか

1 相続財産に含まれないもの

相続人は、相続開始の時（被相続人の死亡時）から、被相続人の財産に属した一切の権利や義務を承継しますから、被相続人の権利だけでなく、義務も承継するのです。しかし、例外として、次のものは相続財産の範囲に含まれません。

> ① 被相続人の一身に専属したもの（例えば、扶養請求権、生活保護受給権）
> ② 祭祀財産（例えば、位牌、墳墓）

(1) 被相続人の一身に専属したもの（一身専属権）には、例えば、当事者の個人的信頼関係を基礎とする委任者・受任者の地位、代理人の地位、扶養請求権、生活保護法に基づく生活保護受給権のような帰属上の一身専属権があります。離婚請求権のような行使上の一身専属権もあり、絵を描く債務のような債務者自身でなければ履行できない債務（不代替的債務）も相続により承継されません。

(2) 祭祀財産とは、系図、位牌、仏壇、墳墓、祭具のような祖先の祭祀を営むための財産をいいます。祭祀財産の承継は、祖先の祭祀を主宰する者が承継することになります。

祖先の祭祀を主宰する者は、次の順序で決めることになります。

> ① まず、被相続人が生前に指定した者（指定の方法には制限はない）または遺言で指定した者がなります。
> ② 指定した者がいない場合は、その地方の慣習に従って決めま

> す。
> ③ 慣習が不明の場合は家庭裁判所の調停または審判によって決めます。

祭祀財産は相続財産に含まれないので、相続人が相続を放棄しても祭祀財産を承継することはできます。祭祀を主宰する者の資格には制限はありませんから、相続人でなくても祭祀主宰者になることはできます。

2 相続財産の範囲

相続財産の範囲は、①被相続人の一身専属権と②祭祀財産を除いて、被相続人の財産に属した一切の権利や義務を承継することになりますから、被相続人の所有していた土地や建物のような不動産、現金、銀行預金、宝石や名画のような動産、債権といった積極財産（プラスの財産）のほか、借金のような消極財産（マイナスの財産）も承継することになります。

被相続人の死亡の瞬間に相続が開始しますから、その時点で被相続人に帰属していた一切の権利や義務が相続人に移転しますが、相続人が複数いる場合には相続財産は複数の相続人の共有（共同所有）となります。遺言のない場合には、各共同相続人は、法定相続分に応じて被相続人の権利義務を承継します。例えば、1,000万円の貸金債権のような可分債権（分けることのできる債権）を子ＡＢの2人が相続した場合は、ＡＢは相続分に応じて各500万円の返還請求をすることができます。しかし、自動車1台の引渡請求権のような不可分債権（分けることのできない債権）を子ＡＢの2人が相続した場合は、ＡＢが共同してまたは各人が全員のために自動車の引渡の履行を請求することができます。

3 相続財産の範囲に含まれるかどうかが問題となる場合

被相続人の相続財産の範囲に含まれるかどうかが問題となる場合には、次のような場合があります。

(1) 生命保険金は、その保険契約で誰を受取人としているかによって

異なります。
① 被相続人が自分を被保険者とし自分を受取人としている場合は、相続人が受取人の地位を相続しますから、生命保険金請求権は相続財産に含まれます。
② 被相続人が自分を被保険者とし相続人中の特定の者を受取人としている場合は、受取人に指定された相続人が保険金請求権を取得しますから相続財産には含まれません。
③ 被相続人が自分を被保険者とし受取人を第三者Aと指定している場合に、Aが被相続人により先に死亡したときは、保険契約者は受取人を再指定することができますが、再指定する前に被相続人が死亡した場合は、Aの相続人が保険金請求権を取得します。
(2) 死亡退職金は、通常は会社の就業規則で受給権者が決められており、受給権者の固有の権利として請求することができますから、相続財産には含まれません。弔慰金という名目で支払われる場合も同様です。
(3) 保証債務（債務者が履行しない場合は代わって履行することを約束した債務）は、通常の金銭消費貸借のような具体的な借金額が確定しているときは相続されますから相続財産に含まれます。しかし、身元保証のように相続人に予測できない債務を生ずる可能性のあるものは相続の対象となりません。ただ、身元保証契約によって具体的に発生した損害賠償債務は相続の対象となります。例えば、すでに損害賠償債務額が確定していた後に身元保証人が死亡した場合です。
(4) 被相続人の生命が侵害された場合の慰謝料請求権は、被害者が生前に請求の意思表示をしていなくても相続されますから相続財産に含まれます。
(5) 社会保険の遺族年金は、法律によって受給権者が決められていますから、相続財産には含まれません。
(6) 家屋賃借権・土地賃借権のような賃借権は、財産価値を有します

から、相続の対象となり相続財産に含まれます。
(7)　香典は、死者の供養や遺族に対する慰謝のために贈られるもので、その本質は葬式費用の一部負担の慣行にありますから、まず、葬式費用に当てて、残った場合は祭祀主宰者が取得しますので、相続財産には含まれません。
(8)　遺骨は、慣習に従って祭祀主宰者に帰属しますから、相続財産に含まれません。
(9)　占有権（物を所持することにより生ずる権利）は相続の対象となりますから、被相続人が所持していた家財道具その他の物の占有権は相続人に承継されます。

Q32 遺産の分割は、どのようにするのですか

1 遺産の分割とは

　遺産（相続財産）の分割とは、同順位の相続人が複数いる共同相続の場合に、その相続分の割合に従って、誰がどの遺産をとるのかを定めることをいいます。相続人が複数いる場合には、遺産は相続開始時点（被相続人の死亡時点）から複数の相続人の共同所有となりますが、これを各相続人の単独所有または共有に移すのです。

(1) 遺産分割の基準について民法は次のように定めています。相続人間の協議によって遺産分割ができない場合は、最終的に家庭裁判所の審判によって遺産分割がなされますが、その場合の審判の基準を規定したものです。

> 遺産の分割は、遺産に属する物または権利の種類および性質、各相続人の年齢、職業、心身の状態および生活の状況その他一切の事情を考慮してこれをする。

(2) 各相続人は、いつでも自由に遺産分割を請求することができますが、例外として、次の場合には一定の期間は遺産分割をすることができません。

> ① 被相続人が遺言で5年以内の遺産の分割を禁止した場合
> ② 相続人の協議によって5年以内の遺産の分割を禁止した場合
> ③ 家庭裁判所の審判で遺産の分割を禁止した場合

2　遺産の分割の方法

遺産の分割の方法には、①指定分割、②協議分割、③審判・調停分割の3種類があります。まず、①遺言による分割方法の指定がある場合は、それに従います。次に、②遺言のない場合は、共同相続人全員の協議によります。③協議が不調または不能の場合は家庭裁判所の審判または家事調停によります。

(1) 指定分割とは、被相続人が遺言で分割の方法を指定し、または遺言で相続人以外の第三者に分割方法の指定を委託した場合は、それに従って分割が行われます。

(2) 協議分割とは、被相続人の遺言による指定がなく、遺言による分割禁止のない場合に、相続人全員の協議によって遺産を分割することをいいます。分割の協議には共同相続人全員の参加が必要であり、一部の相続人を除いて協議をしても無効となります。分割の協議が成立した場合は、分割の割合や方法に制限はありません。

(3) 審判・調停分割とは、相続人全員による協議が調わない場合や協議ができない場合に、各相続人から家庭裁判所に分割を請求し家庭裁判所の調停または審判によって分割することをいいます。家事審判法により、審判に先立って、まず調停が試みられます。

3　遺産分割の効力

遺産分割の効力は、相続開始時点（被相続人の死亡時点）にさかのぼって効力を生じます。従って、相続人が遺産分割によって取得した遺産は、相続開始時点において被相続人から直接取得したものとして取り扱われます。しかし、相続開始時点にさかのぼって効力を生じることとした場合に第三者の権利を害することになるときは、この取扱いはしません。例えば、共同相続人ＡＢＣの3人の中のＡが遺産分割前に遺産の甲土地の自分の持分（共有者の権利の割合）を、第三者Ｘに譲渡した後に遺産分割によって甲土地がＢの所有とされた場合は、第三者Ｘは損害を被りますから、遺産分割の効力が相続開始時にさかのぼるという取り扱いはしません。ただ、

この場合の第三者Xが権利を主張するためには保護要件としての甲土地についての登記が必要です。

4 相続の開始後に相続人となった者が遺産分割を請求するには

相続の開始後に認知（嫡出でない子との間に親子関係を発生させる制度）によって相続人となった者が遺産分割を請求しようとする場合に、他の相続人が既に分割その他の処分をしていたとき（遺産分割後）は、遺産の価額のみによる支払いの請求権を有するものとされており、遺産分割のやり直しはしません。ただし、認知された子の存在を知らずに遺産分割をした場合は、遺産分割から除外されていた認知された子は遺産分割の無効を主張して遺産分割のやり直しを求めることができます。価額のみによる支払いの請求は、遺産分割後に認知された場合の例外だからです。また、認知された子の存在を知っていた場合も無効となります。

Q33 遺産分割の協議は、どのようにするのですか

1 遺産分割の協議

　遺産分割の協議は、相続人全員（遺産の一定割合の遺贈を受けた者や遺産分割前に相続分を譲り受けた者も含みます）が参加して行う必要があり、一部の相続人を除外した遺産分割協議は無効となります。

(1) 遺産の分割は、遺産分割を禁止されている場合を除き、いつでも、相続人全員の協議によってすることができ、分割の時期について制限はありません。被相続人の遺言で5年以内の期間に限り遺産分割を禁止することができますが、遺言執行者（遺言内容を実現する権利義務を有する者）のいない場合には相続人全員の合意によって分割することができると解されています。

(2) 相続人の1人から遺産分割の請求がある場合には、他の相続人は協議に応じなければなりません。協議に応じない場合や協議が不調の場合には、家庭裁判所の審判や調停の手続により分割することになります。

(3) 相続人全員による遺産分割の協議による場合には、分割の方法は、①現物分割、②価額分割、③その他のどのような方法でも差し支えありません。被相続人が遺言によって相続分を指定している場合であっても、相続の放棄が認められることから、相続人全員の協議によって遺言による指定とは異なる遺産分割をすることができます。ただし、遺言で遺言執行者（例えば、遺言書に弁護士、行政書士、友人などを指定しておく）が指定されている場合には、相続人は、相続財産の処分その他の遺言の執行を妨げる行為をすることができませんから、相続人の協議により遺産分割をすることはできません。

(4) 例えば、共同相続人として子ABCの3人がいる場合にABC全

員の協議によって遺産を「Aが1、Bが2、Cが3」の割合に分割することもできますし、「Aが3、Bが1、Cが0」の割合に分割することもできます。遺言による指定相続分や法定相続分の割合による分割でなくてもよく、相続人の一部の者の取得分を0とする遺産分割をすることもできます。

(5) 遺産分割の協議は、相続人全員が一堂に集まって協議をする場合のほか、相続人の1人が原案の書面を作成して持ち回りで相続人全員の承諾を得てもかまいません。例えば、遠隔地にいる相続人に原案の書面を郵送してその書面に署名・押印してもらうような場合です。

(6) 遺産分割の協議の結果を書面にするかどうかは法律上は自由ですが、遺産に土地や建物がある場合には、相続による所有権移転の登記をするのに必要になりますから、「遺産分割協議書」という書面を作成しておきます。遺産に不動産がなくても、後日の紛争を防止するために遺産分割協議書を作成しておきます。遺産分割協議書の書式は決まっていませんが、例えば、次のように記載します（A4サイズに横書き）。

遺産分割協議書

被相続人Xの遺産について、同人の相続人であるA、B、Cは、遺産分割協議の結果、下記の通り遺産を分割し取得することに合意した。

記

1 相続人Aは、次の遺産を取得する。
 (1) 土地　　　所在　〇県〇市〇町〇丁目
     　地番　5番
     　地目　宅地
     　地積　371.02平方メートル
 (2) 建物　　　所在　〇県〇市〇町〇丁目5番地

　　　　　　家屋　番号5番
　　　　　　種類　居宅
　　　　　　構造　木造瓦葺き2階建て
　　　　　　床面積　1階 182.30 平方メートル
　　　　　　　　　　2階 53.06 平方メートル
2　相続人Bは、次の遺産を取得する。
　(1)　〇〇銀行〇〇支店の被相続人名義の定期預金債権　口座番号 0000000
　(2)　〇〇信用金庫〇〇支店の被相続人名義の定期預金債権　口座番号 0000000
3　相続人Cは、次の遺産を取得する。
　(1)　株式会社〇〇建設の株式5千株
　(2)　株式会社〇〇銀行の株式1万株
4　相続人Cは、その取得した相続分の代償として、相続人Aに対し、金2,000万円を支払うこととし、同金額を本遺産分割協議書の調印と同時に支払う。
5　本遺産分割協議時点において判明しているその他の遺産は、すべて相続人Aが取得する。
6　後日判明した被相続人の遺産については、相続人全員で改めて協議して分割することとする。

　以上の通り、遺産分割協議が真正に成立したことを証するため、この協議書を3通作成して、各自署名・押印したうえ、各自1通を所持する。
平成〇年〇月〇日
　　　　　　（住所）〇県〇市〇町〇丁目〇番〇号
　　　相続人　（氏名）　A　　　　　　（実印）

　　　　　　（住所）〇県〇市〇町〇丁目〇番〇号

```
          相続人　（氏名）　　B　　　　　　　（実印）

                （住所）○県○市○町○丁目○番○号
          相続人　（氏名）　　C　　　　　　　（実印）
```

　相続人全員の協議によって上のような遺産分割協議書を作成することができた場合は問題ありませんが、協議が不調の場合や協議ができない場合には、家庭裁判所へ遺産分割の家事調停または家事審判の申立をすることになります。

　まず、家事調停の申立をして調停が成立しなかった場合には家事審判に移行します。しかし、遺産の中の金銭債権のような可分債権（例えば、遺産の中の定期預金債権や売掛金債権）については、判例の立場では、相続分に従って当然に分割されているので（相続分に従って各相続人が債権を持つので）遺産分割の対象とはならないとしています。

　ただ、実務では、上の例のような場合でも、金銭債権も含めて遺産分割の対象をしたほうが公平な分割ができるとして金銭債権も含める場合があります。不動産、宝石、名画のような分割できない遺産は、家庭裁判所に遺産分割の申立をするしかありません。

2　相続債務

　相続債務（借金のようなマイナスの財産）は、遺産分割の対象にはなりません。債権者に不利になるからです。しかし、相続人の間で特定の相続人に債務を帰属させる遺産分割協議をすることはできますが、その協議は相続人の間でのみ有効であり、債権者との関係では効力はありません。債権者は、各法定相続人に対して法定相続分の割合により履行の請求をすることができます。

　遺産分割協議によって相続人の一部の者の取得分をゼロとする遺産分割もできますが、相続分がゼロになった者でも、相続債務は負担することに

なります。相続放棄をした者は相続人ではありませんから、積極財産（プラスの財産）も消極財産（マイナス財産・相続債務）も承継しないのと異なります。

3 所有権移転の登記

　土地や建物の登記の実務では、遺産分割協議書を作成せずに、特定の相続人が他の相続人から「相続分のないことの証明書」をとって被相続人名義の土地や建物を特定の相続人名義に所有権移転の登記を行う場合があります。

　「相続分のないことの証明書」は、「特別受益証明書」とか「相続分皆無証明書」とも言われ、その相続については自分に相続分がないことを証明するものです。

　「相続分のないことの証明書」の例は次の通りです。

証　明　書

　私は、生前に被相続人Ｘ（○県○市○町○丁目○番○号）から生計の資本として相続分を超える財産の贈与を受けているので、平成○年○月○日被相続人の死亡により開始した相続については、相続する相続分が存在しないことを証明する。

平成○年○月○日

　　　　　　（住所）　○県○市○町○丁目○番○号

　　　相続人（氏名）　　Ｙ　　　　　　　（実印）

　上述したような遺産分割協議書では、相続人全員が一堂に集まって協議をするか、相続人の１人が原案の書面を作成して持ち回りで相続人全員の同意を得ることとなりますが、特定の不動産を特定の相続人Ｚに取得させるには次のような遺産分割協議書を相続人ごとに作成して登記をすることもできます。

遺産分割協議書

被相続人　X（平成○年○月○日死亡）
最後の住所　　　○県○市○町○丁目○番○号
登記簿上の住所　○県○市○町○丁目○番○号
　被相続人Xの遺産について、同人の相続人において分割協議を行った結果、各相続人が下記の通り遺産を分割することに決定した。

記

相続人Zが取得する財産
　　　土地　所在　○県○市○町○丁目
　　　　　　地番　9番
　　　　　　地目　宅地
　　　　　　地積　682.05平方メートル

　以上の通り、遺産分割協議が真正に成立したことを証するため、各自署名押印する。
平成○年○月○日
　　　　　　（住所）○県○市○町○丁目○番○号
　　　　　相続人（氏名）　　　Y　　　　　　（実印）

Q34 相続の承認と放棄の制度は、どのようになっているのですか

1 相続をするかどうかの選択

　相続人は、被相続人の死亡時点から、被相続人の①一身専属権（例えば、扶養請求権のようなその者だけに専属する権利）と②祭祀財産（位牌、墓など）を除いて、被相続人の財産に属した一切の権利や義務を承継しますので、被相続人の借金のような債務も承継することになります。そこで、民法は、相続人の保護のために相続をするかどうかの選択の自由を認めて、次のように、①単純承認、②限定承認、③相続の放棄の3つのいずれかを選択することができることとしています。

> (1)　単純承認とは、相続人が無条件に相続を承認する場合をいいますが、相続開始から3カ月以内に限定承認や放棄をしなかった場合も単純承認をしたものとみなされます。
> (2)　限定承認とは、相続人が相続によった得たプラスの財産の限度で、被相続人の債務や遺贈を弁済する条件付の承認をする場合をいいます。複数の相続人がいる場合は、全員が共同してのみ限定承認をすることができます。
> (3)　放棄とは、相続人が相続を全面的に拒絶する場合をいいます。放棄によって初めから相続人とならなかったものとみなされます。

2 限定承認、相続放棄は3カ月以内に

　相続人は、自分のために相続の開始（被相続人の死亡）があったことを知った時から3カ月以内に、①単純承認、②限定承認、③相続の放棄のい

ずれかを選択しなければなりません。この3カ月の期間を考慮期間とか熟慮期間とかいいますが、この3カ月の期間は、遺産が複雑多岐にわたるような場合は利害関係人（相続人など）または検察官の請求によって家庭裁判所の審判で伸長することができます。3カ月の期間は各相続人ごとに計算されます。

　相続人が、①単純承認、②限定承認、③相続の放棄のいずれかを選択した場合には、3カ月の考慮期間内であっても、その選択を撤回することはできません。しかし、未成年者や成年被後見人その他の制限能力者が単独でなした選択は、これらの者を保護する必要から取り消すことができます。詐欺や強迫によって選択がなされた場合も、これらの者を保護する必要から取り消すことができます。

　限定承認と放棄の取消をしようとする者は、その旨を家庭裁判所に申述しなければならないとされています。単純承認の取消には家庭裁判所への申述は必要とされていません。

3　相続の放棄

　相続の放棄とは、相続人が相続財産（プラスの財産もマイナスの財産も）の承継を全面的に拒絶することをいい、相続の放棄をした相続人は、その相続に関しては、初めから相続人とならなかったものとみなされます。例えば、相続人として子ＡＢＣの3人がいた場合に、Ａが相続の放棄をした場合は、ＢとＣだけが相続することになります。

(1)　相続の放棄をしようとする者は、自分のために相続の開始（被相続人の死亡）があったことを知った時から3カ月以内に、相続開始地（被相続人の最後の住所地）の家庭裁判所に相続放棄の申述（申し出、巻末資料8）をしなければなりません。この3カ月の考慮期間は、利害関係人（相続人など）または検察官の請求によって家庭裁判所の審判で伸長することができます。相続の放棄は家庭裁判所の申述の受理の審判によって成立し放棄の効力が生じます。家庭裁判所は申述が方式にかない、申述人の真意にもとづくものであるこ

とを確認して申述を受理します。
(2) 家庭裁判所への相続放棄の申述は、家庭裁判所に備付けている「相続放棄申述書」（巻末資料9）用紙に必要事項を記入し申述人と被相続人の戸籍謄本を添付して提出します。

4　相続の単純承認

　相続の単純承認は、相続の放棄や限定承認の場合とは異なり、家庭裁判所への申述も不要であり、3カ月以内の考慮期間（伸長された場合はその期間）内に相続の放棄や限定承認をしなかった場合も、単純承認をしたものとみなされます。

　そのほかに、民法によって単純承認をしたものとみなされる場合を「法定単純承認」といいますが、法定単純承認とされる場合は、次の通りです。

> (1) 相続人が、相続の限定承認や放棄をする前に、相続財産の全部または一部を処分した場合（ただし、相続開始を知らなかった場合や家の修理のような保存行為と民法に定める短期の賃貸借は除かれます）
> (2) 相続人が、3カ月以内の考慮期間（伸長された場合はその期間）内に限定承認または放棄をしなかった場合
> (3) 相続人が、限定承認または放棄をした後でも、相続財産の全部または一部を隠匿したり、債権者に隠れて消費したり、または限定承認の場合に相続財産を隠すつもりで財産目録中に記載しなかった場合（ただし、相続の放棄があったために相続人となった者が相続の承認をした後は、上の行為があっても単純承認したものとはみなされません）

Q35 相続の限定承認の制度は、どのようになっているのですか

1 相続の限定承認とは

相続の限定承認とは、相続人が相続によって得た財産の限度においてのみ、被相続人の債務と遺贈（遺言による財産の無償譲与）を弁済（べんさい）するという条件を付して相続の承認をすることをいいます。

(1) 限定承認をしようとする場合も、相続の放棄の場合と同様に相続の開始を知った時から3カ月以内の考慮期間（伸長された場合はその期間）内に、相続開始地（被相続人の最後の住所地）の家庭裁判所にその旨の申述（申し出）をしなければなりません。家庭裁判所の申述受理の審判によって効果が生じます。

(2) 限定承認の申述は、相続の放棄の場合とは異なり、相続人が複数いる場合には、相続人全員が共同してしなければなりません。共同相続人（複数の相続人）の中の1人でも限定承認に同意しない場合には、限定承認の申述をすることはできないのです。しかし、共同相続人の中に相続の放棄をした者がいる場合には、放棄をした者は初めから相続人にならなかったものとみなされますから、他の共同相続人全員の同意によって限定承認の申述をすることができます。

(3) 限定承認をした場合は、相続によって得た積極財産（プラスの財産）の限度でのみ、被相続人の借金のような債務や遺贈を弁済することになりますから、相続財産の清算の手続が必要になります。

もし、プラスの財産が多いと思われる場合は、清算手続きが面倒ですが、限定承認の方が得です。

2 相続の限定承認の申述

相続の限定承認をしようとする場合は、共同相続人全員が相続の開始を

知った時から3カ月以内の考慮期間（伸長された場合はその期間）内に財産目録を調製（ちょうせい）して、これを相続開始地（被相続人の最後の住所地）の家庭裁判所に提出して限定承認をする旨の申述（しんじゅつ）（申し出）をしなければなりません。

　家庭裁判所への相続の限定承認の申述は、家庭裁判所に備付けている「相続の限定承認申述書」（巻末資料9）または一般の「家事審判・調停申立書」用紙（Q37参照）に必要事項を記入し申述人全員と被相続人の各戸籍謄本、財産目録を添付して提出します。

Q36 遺贈とは、どういうことですか

1 遺贈とは

遺贈とは、遺言者が遺言により自分の財産を他人（相続人、友人、会社など）に無償で譲与することをいいます。遺贈を受ける者を受遺者といいます。遺贈は財産を無償で譲与する点では「贈与」と似ていますが、贈与は贈与者と贈与を受ける者（受贈者）との間の双方の合意による契約であるのに対して、遺贈は、遺言による一方的な単独の意思表示である点で異なっています。

贈与者が生前に受贈者（贈与を受ける者）と贈与契約を締結し、贈与者が死亡することを条件として効力を発生させる場合がありますが、これを死因贈与といいます。死因贈与は、遺贈と似ていることから、民法は遺贈に関する規定を準用することとしています。

2 遺贈の種類

遺贈の種類には、①遺贈の目的物を特定してする特定遺贈と、②相続財産の全部または一部について割合を示してする包括遺贈とがあります。

(1) 特定遺贈は、(a)遺産の中の特定の不動産（例えば、甲土地、乙建物）や特定の権利（例えば、A特許権）を目的とする特定物遺贈と(b)金銭のような不特定物を目的とする不特定物遺贈に分けられます。

(2) 包括遺贈は、遺産の全部とか、遺産の3分の1のように割合を示してする遺贈をいいます。

(3) 遺贈を受けられる者（受遺者）には、自然人（人間のこと）のほか、法人（会社のように自然人以外で権利義務の主体となれる者）も含まれます。例えば、財団法人・社団法人や株式会社である老人ホームも受遺者になれるのです。遺言者の相続人であっても受遺者にな

ることができます。胎児は、遺贈に関しては既に生まれたものとみなされますから、胎児も受遺者になることができます。

3　特定遺贈と包括遺贈

　特定遺贈は、甲土地、乙建物、A特許権のように特定の物または権利を目的としてする遺贈ですから、包括遺贈の場合と異なり、債務を承継するものではありません。

　これに対して、包括遺贈では、相続財産の全部または一部の割合を示してする遺贈ですから、相続人と同一の権利や義務を有するものとされています。つまり、包括受遺者は、遺言者の一身に専属したものを除いて、遺言者の財産に属した一切の権利や義務を承継することになるのです。包括受遺者は、あたかも共同相続人（複数の相続人）の1人であるかのように相続財産を承継するのです。従って、相続人と同様に放棄もできます。

　特定受遺者は、遺贈が効力を生じた後（遺言者の死亡後）は、いつでも遺贈の放棄をすることができ、放棄の効力は遺言者の死亡時点にさかのぼって生じます。特定受遺者が遺贈の承認または放棄をしないで死亡した場合は、その特定受遺者の相続人は、自分の相続権の範囲内で（相続分の割合に応じて）、承認または放棄をすることができます。ただし、遺言者が遺言の中で別段の意思表示をしている場合には、その意思に従います。

　特定受遺者がした遺贈の承認または放棄は、撤回することはできません。ただし、未成年者や成年被後見人が単独でした場合や詐欺または強迫によりさせられた場合には、これらの者を保護する必要があることから取り消すことができます。

　負担の付いた遺贈（例えば、甲土地を遺贈するから、Yに対して毎月5万円を支払うという負担の付いた場合）を受けた者は、遺贈の目的（例えば、甲土地）の価額を超えない限度においてのみ、負担した義務を履行する責任を負います。

Q37 相続に関する家庭裁判所への申立は、どのようにするのですか

1　相続に関する家事事件

　相続に関する家事事件には、相続の放棄、相続の限定承認、推定相続人の廃除、遺産分割、遺言書の検認など多数の種類がありますが、これらの家庭内の事件は家事審判法によって家庭裁判所で審理されることとされています。

　家事審判法で定める家庭内の事件（家庭裁判所の家事調停や家事審判の対象となる事件）には、①甲類の審判事項（審判だけで処理される事件）と、②乙類の審判事項（審判でも調停でも処理できる事件）に分けられています。

　家庭裁判所は、これらの審判事項のほかにも人事に関する訴訟事件（例えば、離婚事件、婚姻無効事件）その他一般に家庭に関する事件についての調停も行います。

(1)　甲類の審判事項の例には次のものがありますが、公益的性質が強く紛争性のない事件で、当事者の合意により任意の処分は許されないことから調停手続では処理できないものです。

> ①　後見の開始、保佐の開始、補助の開始
> ②　成年後見人、保佐人、補助人、成年後見人監督人、保佐監督人（いずれも精神上の障害により判断能力に問題のある者を保護する制度）などの選任
> ③　失踪宣告、失踪宣告の取消
> ④　相続の放棄の申述、相続の限定承認の申述
> ⑤　氏の変更の許可、名の変更の許可

(2)　乙類の審判事項の例には次のものがありますが、紛争性のある事

件で、当事者は審判または調停のいずれかの手続によることを選択することができます。調停とは話し合いによって解決することですから、話し合いができない場合や不調になった場合は、審判の手続により解決します。

> ① 遺産の分割、遺産分割の禁止
> ② 寄与分を定める処分
> ③ 推定相続人の廃除や廃除の取消
> ④ 祭祀財産の承継者の指定
> ⑤ 扶養の請求、扶養義務者の指定、扶養順位の確定、扶養料の増額請求

2　相続に関する家庭裁判所への申立

　家庭裁判所に相続に関する家事事件の調停の申立または審判の申立をする場合には、甲類の事件は審判の申立しかできませんが、乙類の事件の場合は調停の申立か審判の申立か、いずれかの申立をすることができます。しかし、乙類の事件について審判の申立をした場合には、家庭裁判所は、職権で、いつでも調停へ回付することができます。乙類の事件も調停が成立しなかった場合には、最終的には審判の手続により解決します。

(1)　家事調停申立書または家事審判申立書の用紙は、家庭裁判所の申立書受付係で無料で交付が受けられます。一般の申立書用紙は、次のように審判と調停のいずれかを〇印で囲んで使用することとしていますが、家事事件によっては、簡単な特別の申立書用紙が作られている場合があります。例えば、遺産の分割、寄与分を定める処分、相続の放棄の申述などには特別の申立書用紙が作られています。

受付印	家事審判・調停申立書（事件名　　　　　　　　　　）	
	（収入印紙の貼付欄）	
準口頭	関連事件番号　平成　年（家　）第　　号	
家庭裁判所御中 平成　年　月　日	申立人の署名押印 又は記名押印	（印）
添付書類		

申立人	本籍		
	住所		（電話　　　）
	連絡先		（電話　　　）
	氏名		生年月日　年　月　日生
	職業		
相手方	本籍		
	住所		（電話　　　）
	連絡先		（電話　　　）
	氏名		生年月日　年　月　日生
	職業		
相手方	本籍		
	住所		（電話　　　）
	連絡先		（電話　　　）
	氏名		生年月日　年　月　日生
	職業		

Q 37 ——相続に関する家庭裁判所への申立は、どのようにするのですか

申立ての趣旨
申立ての実情

(2) 家庭裁判所の申立書受付係で無料で交付される上の一般用の「家事審判・調停申立書」を使用しなくても、上の申立書用紙に記載している事項を全部記載した場合には、パソコンやワープロを使用して作成してもかまいません。その場合には、Ａ４の用紙に片面印刷をしますが、文字数、行数、上下左右の余白は概ね次のようにします。

```
1行              37文字    上部余白    35mm
1頁の行数26行              下部余白    27mm
文字サイズ12ポイント       左側余白    30mm
                          右側余白    15mm
```

① 各頁には－1－、－2－のように頁数を打っておきます。左側2カ所をホチキスで綴じます。各頁の綴り目には、契印(けいいん)（割り印）をしておきます。

② 家庭裁判所への提出通数は1通ですが、控えも作成しておきます。

3 注意事項

家庭裁判所に家事調停申立書または家事審判申立書を提出する際の注意事項は次の通りです。

(1) 申立の手数料として収入印紙が必要になりますが、①甲類の審判事項については1件800円分、②乙類の審判事項については1件1,200円分、②その他の調停事件については1件1,200円分の収入印紙を申立書受付係に手渡します。
(2) 家庭裁判所から相手方を呼び出す場合などに使用する郵便切手を裁判所の指定の通りの種類と枚数で渡します。相手方の数や裁判所によって切手の種類や枚数は異なりますが、余った場合は終了後に返還されます。
(3) 申立書の添付書類として、申立の内容に応じて申立人・相手方・被相続人などの戸籍謄本その他の書類が必要になります。何が必要かは事件ごとに異なりますから、事前に申立書を提出する家庭裁判所の申立書受付係で確認をしておきます。
(4) 一般の「家事審判・調停申立書」用紙に記入する場合は、黒ボールペンを使用しますが、書き損じた場合の訂正が困難でかすら、鉛筆書きにし清書をしてコピーをとるのが無難です。家庭裁判所には1通を提出しますが、控えを必ずとっておきます。表題の審判・調停の文字は、いずれかを○印で囲みます。
(5) 一般の「家事審判・調停申立書」用紙の「申立ての趣旨」や「申立ての実情」の欄は狭くなっていますから、書き切れない場合は、それらの欄に「別紙の通り」と記載して別紙に詳細に記載して「家事審判・調停申立書」用紙にホチキスで綴じます。
(6) 一般の「家事審判・調停申立書」用紙の書き方は、家庭裁判所の家事相談の係で説明を受けられますが、口頭で説明して裁判所書記官が記入する「準口頭」の方法で申立をすることもできます。「家事審判・調停申立書」用紙の書き方の見本は、家庭裁判所の家事相談の係に備え付けています。
(7) 一般の「家事審判・調停申立書」用紙のほかに、特別の申立書用紙が作られている場合は、その用紙を使用します。特別の申立書用紙には、該当する項目を○印で囲むなど簡単に加入できるように工

夫されています。

4　家事事件の特質

　家庭裁判所の家事事件は、一般の民事訴訟とは手続が大きく異なっていますから、家事事件の性質をよく理解しておくことが大切です。家事事件（家事審判事件・家事調停事件）は、訴訟事件（民事訴訟事件）とは異なり「非訟事件」といわれて民事訴訟法とは別の非訟事件手続法の規定により審理が進められます。

　最も重要な特色は、裁判所の職権により証拠調べをしますから、証拠の提出は不要であるかのような説明をする書記官や調停委員がいますが、その説明自体は誤りではないものの、自己に有利な証拠の提出は必須のことなのです。乙類の審判事項については、特に大切なことなのです。

　訴訟事件（民事訴訟手続）と非訟事件（非訟事件手続）の主な相違は、次の通りです。

民事訴訟手続	非訟事件手続
1　事実の主張や証拠の収集を当事者の責任とする弁論主義を採っている。 　①　裁判所は、当事者の主張しない事実を判決の基礎としてはならない。 　②　裁判所は、当事者間に争いのない事実は、そのまま判決の基礎としなければならない。 　③　裁判所は、当事者間に争いのある事実を認定するには、当事者の申し出た証拠によらなければならない（職権証拠調べの禁止）。	1　裁判所の職権主義（職権探知主義）を採っている。 　①　裁判所は、職権で、事実の調査ができる。家庭裁判所調査官が家事審判官（裁判官）の命令により事実を調査し家事審判官へ報告する報告書が証拠となる。 　②　事実と証拠の収集を当事者の意思に委ねず、裁判所の職権で行う。証拠の収集を裁判所の権限と責任で行う。
2　裁判所の審理や裁判を国民が傍聴できる公開主義を採っている。	2　国民の傍聴を許さない非公開主義を採っている。

3　民事事件記録は誰でも自由に閲覧できるし、利害関係人は謄本の交付を受けることもできる。	3　家事事件記録は当事者であっても裁判官の許可がなければ閲覧もできない。裁判官の不許可に対して不服申立の手段もない。

（その他の詳細は、本書の著者による『絶対に訴えてやる！』（緑風出版）89頁以降を参照）

第5章●
遺言書の書き方は、どのようにするのですか

Q38 遺言の仕方には、どのような種類がありますか

1 遺言の仕方

遺言の仕方には、次の7つの方式が民法によって定められています。遺言は民法に定めた方式に従ってしなければ効力を生じないものとされています。民法に定めた方式に違反した遺言は無効となるのです。遺言は遺言者の死後に効力を生ずるものであり、内容の確認は不可能ですから、厳格な方式を定めているのです。

遺言の方式を大別すると次のように(a)普通方式と(b)特別方式に分けられます。特別方式は、普通方式によることが不可能な場合や困難な場合に例外的に認められるものです。

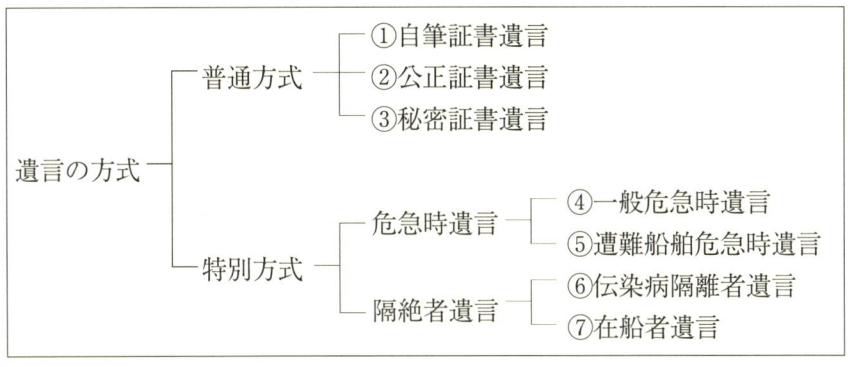

```
                 ┌─ 普通方式 ─┬─ ①自筆証書遺言
                 │           ├─ ②公正証書遺言
                 │           └─ ③秘密証書遺言
遺言の方式 ──────┤
                 │           ┌─ 危急時遺言 ─┬─ ④一般危急時遺言
                 │           │              └─ ⑤遭難船舶危急時遺言
                 └─ 特別方式 ┤
                             └─ 隔絶者遺言 ─┬─ ⑥伝染病隔離者遺言
                                            └─ ⑦在船者遺言
```

特別方式は、上のような特別の事情がある場合に、例外的に簡易な方式が認められるものですから、特別方式によってした遺言は、遺言者が普通方式によって遺言をすることができるようになった時から6カ月間生存するときは、その効力を失います。

① 自筆証書遺言は、遺言者が遺言書の全文・日付・氏名を自書し押印することによって成立します。もっとも簡単な方式で、

費用もかかりません。
② 　公正証書遺言は、証人2人以上の立会いで、公証人が公正証書として作成します。遺産額によって相当多額の費用がかかりますが、確実な方式です。
③ 　秘密証書遺言は、遺言内容を秘密にして、証人2人以上の立会いで、公証人が封書の封印に公証をします。公証人の費用がかかります。
④ 　一般危急時遺言は、病気その他の事由で死亡の危急に迫っている者が証人3人以上の立会いを得て作成されます。
⑤ 　遭難船舶危急時遺言は、遭難船舶中で死亡の危急に迫った者が証人2人以上の立会いを得て作成されます。
⑥ 　伝染病隔離者遺言は、伝染病のため行政処分により交通を断たれた場所にある者が警察官1人と証人1人以上の立会いを得て作成されます。
⑦ 　在船者遺言は、船舶中にある者が船長または事務員1人と証人2人以上の立会いを得て作成されます。

　いずれの方式による遺言も効力に差異はなく、最終の意思表示をした遺言書のみが有効となります。従って、例えば、公正証書遺言をして1カ月後に自筆証書遺言をした場合は、最終の自筆証書遺言のみが効力を有することとなります。

2　遺言ができる年齢と行為能力の制限される者

　遺言ができる年齢について民法は満15歳に達した者は遺言をすることができると規定しています。20歳未満の者は未成年者として単独では有効な法律行為（行為者の希望した通りの法律効果を生じさせる行為）ができませんが、その例外を認めたものです。
　未成年者と同様に、①成年被後見人（精神上の障害により事理を弁識する能力を欠く常況に在る者で後見開始の審判を受けた者）、②被保佐人（精

神上の障害により事理を弁識する能力が著しく不十分な者で保佐開始の審判を受けた者）、③被補助人（精神上の障害により事理を弁識する能力が不十分な者で補助開始の審判を受けた者）も行為能力（法律行為を単独で行うことができる法律上の資格）が制限されていますが、その制限の規定も適用されないこととされています。従って、これらの制限能力者でも、意思能力（自分の行為の意味や結果を判断できる精神的能力）のある限り、単独で遺言をすることができます。

ただし、成年被後見人が事理を弁識する能力を一時回復した時において遺言をする場合には、医師２人以上の立会いが必要であり、立ち会った医師が事理を弁識する能力を欠く状態になかったことを証明する必要があります。

> 未成年者……満15歳に達した者は単独で遺言ができる
> 成年被後見人……事理を弁識する能力を一時回復した時において遺言ができる
> 被保佐人……単独で遺言ができる
> 被補助人……単独で遺言ができる

遺言のできる遺言能力は、遺言者が遺言をする時において有する必要がありますが、その後に遺言能力を喪失しても遺言の効力には影響がありません。

3　共同遺言の禁止

遺言は、２人以上の者が同一の証書ですることはできないとされています。例えば、夫婦が同一の遺言書で遺言をしたような場合は、その遺言書は無効となります。遺言書は常に１人で作成します。遺言は、いつでも自由に撤回することができますから、これを制約するような共同遺言は許さないこととしたのです。

Q39 遺言ができる事項には制約がありますか

1 遺言ができる事項

　遺言は、民法その他の法律に定められている事項に限ってすることができます。遺言ができる事項は、①遺言によってのみすることができる事項と、②遺言によっても生前行為によってもすることができる事項とに分けることができます。

　法律に定められた事項以外の事項に関する遺言は法的な効力は生じませんが、遺言書に記載できないものではなく、例えば、葬式の方法を指定したり、香典は辞退するようにという遺言や兄弟姉妹が仲良くするようにという遺言も、遺言者の最終の意思として道徳的意味を持つものといえます。しかし、例えば、遺言書で第三者に対して特定の遺産を処分して債務の弁済をすべき旨を委託するような遺言は無効となります。

2 遺言によってのみすることができる行為

　遺言によってのみすることができる行為（遺言者の生前行為ではなしえない行為で遺言によってなしうる行為）として、次の行為があります。

> (1) 相続分の指定または相続分の指定の第三者への委託
> (2) 遺産の分割方法の指定または分割方法の指定の第三者への委託
> (3) 遺産の分割の禁止
> (4) 遺言執行者の指定またはその指定の第三者への委託
> (5) 未成年後見人や未成年後見監督人の指定
> (6) 遺産分割での共同相続人間の担保責任の分担の指定
> (7) 遺贈の遺留分の減殺方法の指定

3 遺言によっても生前行為によってもすることができる行為

遺言によっても生前行為によってもすることができる行為としては、次の行為があります。

(1) 認知
(2) 推定相続人の廃除や廃除の取消
(3) 財団法人の設立のための寄付行為
(4) 祖先の祭祀の主宰者の指定
(5) 被相続人の財産の処分（遺贈、死因贈与、生前贈与）
(6) 特別受益者の相続分の指定

Q40 自筆証書の遺言書の作り方は、どのようにするのですか

1 自筆証書遺言とは

　自筆証書遺言とは、遺言者自身が、①遺言書の全文、②作成した日付、③自分の氏名を自分で書き、その遺言書に、④押印することによって成立する遺言をいいます。この4つの要件のいずれかを欠く遺言書は無効となります。遺言書は民法の定める方式に従って作成しなければ効力を生じないのです。

(1) 遺言書の全文を自筆で書くこと

　　自筆証書遺言では、必ず遺言者自身が遺言書の全文を自筆で書くことが必要です。筆跡によって遺言者の真意や遺言内容を明らかにすることができるからです。ワープロやパソコンを使用したものは無効となります。使用する文字は日本文字に限らず、外国文字でもかまいません。

(2) 遺言書を作成した日付を自筆で書くこと

　　この日付は暦日でなくても、還暦の日、喜寿の日、満65歳の誕生日のように作成日付が特定できる場合は有効ですが、年月だけで日付を欠くものは無効となります。作成の日付は遺言書の作成の前後を判断するのに必要であるほか、遺言書の作成時点で遺言能力があったかどうかを判断する基準日となります。実際に遺言書を作成する場合には、日付を西暦または元号によって年月日を正確に書くことが大切です。

(3) 遺言者の氏名を自書（自署）すること

　　遺言者の氏名は戸籍上の氏名でなく、雅号や通称でも本人の同一性が確認できればよいとする判例もありますが、実際に遺言書を作成する場合には、戸籍上の氏名を正確に自書（自署）することが大

切です。
(4) 氏名の後に押印すること
　　押印に使用する印鑑は、実印（市区町村役場に登録した印鑑）でも認め印でもかまいません。指印でもよいとする判例もありますが、実際に遺言書を作成する場合には、実印か認め印を使用します。なるべく実印を使用するのが望ましいといえます。
(5) 遺言書の加除、文字の訂正その他の変更は法律の定める方法によること
　　遺言書の中の加除（加えたり除いたりすること）、文字の訂正その他の変更は、遺言者が、その場所を指示し、これを変更した旨を付記して特にこれに署名し、かつ、その変更の場所に押印しなければ効力を生じません。つまり、遺言書の変更はなかったものとして取り扱われるのであって、遺言書が無効となるわけではありません。変更には厳格な方法が決められていますから、変更がある場合は最初から全部を書き直すのが無難です。

2　自筆証書の遺言書の具体的な作り方の例

　自筆証書の遺言書の具体的な作り方の例を示すと、次のようになります。遺言書の用紙や規格には制限はありませんが、一般にＢ５サイズまたはＡ４サイズの丈夫な用紙が用いられます。横書きにするか縦書きにするかも自由です。筆記用具の制限もありませんが、一般にボールペン、サインペン、万年筆、筆などが使用されます。
　次の例は横書きの例です。

　　　　　　　　　　　　遺言書

　遺言者東京太郎は、次の通り遺言する。
　１　長男東京一郎に次の財産を相続させる。
　　(1)　土地　　　所在　○県○市○町○丁目
　　　　　　　　　地番　５番

　　　　　　地目　　宅地
　　　　　　地積　　871.02 平方メートル
　(2) 建物　所在　　○県○市○町○丁目5番地
　　　　　　家屋番号　5番
　　　　　　種類　　居宅
　　　　　　構造　　木造瓦葺2階建
　　　　　　床面積　1階　282.30 平方メートル
　　　　　　　　　　2階　53.06 平方メートル
2　二男東京二郎に次の財産を相続させる。
　(1)　○○商事株式会社の株式　1万株
　(2)　○○銀行○○支店の遺言者名義の定期預金口座番号1234567　額面2,000万円
3　三男東京三郎に次の財産を相続させる。
　(1)　○○銀行○○支店の遺言者名義の定期預金口座番号7654321　額面3,000万円
　(2)　○○信用金庫の遺言者名義の定期預金口座番号3456789　額面1,000万円
4　二男東京二郎の妻東京花子に次の財産を遺贈する。
　　○○銀行○○支店の遺言者名義の定期預金口座番号3456789　額面1,000万円
5　以上に掲げたもの以外の財産は全部長女東京春子に相続させる。
6　四男東京四郎は、遺言者に暴行を加えて虐待し続けたので、遺言者は四男を廃除する意思を表示する。
7　この遺言の遺言執行者に次の者を指定する。
　東京都渋谷区○○二丁目8番9号　横浜五郎（昭和○年○月○日生）

平成○年○月○日
　　　　　　　　　　　　　　　　　遺言者　東京　太郎　（印）

3 自筆証書の遺言書の保管の仕方

　自筆証書の遺言書の保管の仕方は決まっていませんが、遺言内容の秘密の保持や偽造防止のために一般には封筒に入れて封印をして保管をします。封筒に入れる場合には、封筒の表には「遺言書在中」と記載し、裏には次のように記載して遺言書に使用した印鑑で封印をします。封印のある遺言書の封筒を開封するには、家庭裁判所の手続によって相続人またはその代理人の立会いのうえで開封しなければなりません。これに違反した場合には5万円以下の過料に処せられますが、その場合でも遺言書が無効となるものではありません。

　この遺言書は、遺言者の死後、遅滞なく、開封せずに家庭裁判所に提出すること。
　家庭裁判所以外で開封すると過料に処せられる。
平成○年○月○日
　　　　　　　　　　　　　　　　　　遺言者　東京　太郎（印）

Q41 公正証書の遺言書の作り方は、どのようにするのですか

1 公正証書遺言とは

　公正証書遺言とは、遺言者本人が証人2人以上の立会いのもとで遺言の趣旨を公証人に口述して公証人が作成する公正証書による遺言をいいます。公証人とは、法務大臣が任命し指定した法務局に所属して公正証書（公証人法により作成する証書）の作成の権限などを持つ者をいいます。公証人は、元裁判官とか、元検察官など法律専門家の中から選ばれていますから、後日、遺言内容の法律的な効力が問題とされることはまずありません。

　公正証書の作成は公証人役場で行うことになっていますが、例外として、病気などで公証人役場に出頭することができない場合には、公証人に自宅や病院などに出張してきてもらって公正証書を作成してもらうこともできます。この場合には、手数料は5割増しになります。

　公正証書遺言は、煩雑で多額の費用がかかり、秘密保持も難しいというデメリットがありますが、紛失や改変のおそれがなく、相続開始後の検認の手続も不要であるメリットがあります。

2 公正証書遺言の作成

　公正証書遺言も民法の定める方式に従って作成しなければ遺言の効力を生じません。公正証書遺言の作成には、次の要件を満たすことが必要です。

> **公正証書遺言の要件**
> ① 証人2人以上の立会いがあること
> ② 遺言者本人が遺言の趣旨を公証人に口述（口授(くじゅ)）すること
> ③ 公証人が遺言者本人の口述を筆記し、これを遺言者と証人に読み聞かせ、または閲覧させること

④ 遺言者と証人が、筆記の正確なことを承認した後、各自これに署名し押印すること（ただし、遺言者が署名できない場合は、公証人がその事由を付記すること）
⑤ 公証人が、法定の方式に従って作ったものである旨を付記して署名し押印すること

　公正証書遺言は、遺言者本人の口述に基づいて公証人が公正証書を作成する遺言ですから、言語機能障害者（口がきけない者）や聴覚機能障害者（耳が聞こえない者）が公正証書によって遺言をする場合には、上記の方式は次のように修正されます。

① 口がきけない者が公正証書によって遺言をする場合には、遺言者は、公証人と証人の前で、遺言の趣旨を通訳人の通訳により申述し、または、自書（自分で書くこと）して口述に代えます。
② 遺言者または証人が耳が聞こえない者である場合には、公証人は、筆記した内容を通訳人の通訳により遺言者または証人に伝えて、読み聞かせに代えることができます。
③ 公証人は、このような方式によって公正証書を作ったときは、その旨を公正証書に付記しなければなりません。

3　証人などになれない者

　公正証書遺言の作成には、証人が2人以上必要ですが、次の者は、遺言の証人や立会人にはなれないとされています。次に掲げる者が証人や立会人となった遺言は、その遺言全部が無効となります。公正証書遺言以外の遺言にも、証人や立会人が必要な場合があります。

(1) 未成年者
(2) 推定相続人（民法の規定によって相続人となるはずの人）、

> 　　受遺者（遺贈を受ける者）およびその配偶者並びに直系血族
> (3)　公証人の配偶者、4親等内の親族、書記、使用人（雇用している者）

4　遺言公正証書を公証人に作成してもらうには

　遺言公正証書を公証人に作成してもらうには、次のものを準備する必要があります。実際に作成を依頼する公証人役場で出頭する前に必要なものを電話で確認しておきます。
(1)　遺言者本人について、次のものを準備します。
　①　遺言者本人の戸籍謄本（戸籍の全部の写し）
　②　住所地の市区町村役場で発行する印鑑登録証明書（発行後3カ月以内のもの）
　③　印鑑登録をしている印鑑（実印）
　④　遺言者名義の不動産（土地・建物）の固定資産評価証明書（市町村役場で交付）
　⑤　不動産の登記簿の謄本（登記所で交付）
　⑥　遺言内容を記載したメモ
(2)　相続人と受遺者について、次のものを準備します。
　①　その者の戸籍謄本
　②　その者の住民票写し
(3)　遺言執行者を指定する場合は、その者の住民票写しを準備します。他人の住民票写しの交付は原則として受けられませんから、その場合は本人に依頼します。
(4)　証人2人（法律は2人以上としているが、実務上は2人）について、次のものを準備します。
　①　各人の住民票写し（遺言者が住民票写しを取れない場合は証人本人に依頼します）
　②　各人の印鑑（認め印でかまいませんが、スタンプ台式の印鑑は

不可）

(5) 公証人の手数料を現金で準備します。不動産その他の財産の価額によって金額は異なります。この手数料の計算は複雑ですから、あらかじめ公証人役場で資料を示して確認しておく必要があります。

5 遺言公正証書が作成されると

　遺言公正証書が作成されると、公正証書の①原本は公証人役場に保管し、②正本（原本と同一の効力を有するとされるもの）と③謄本（原本の全部の写し）とが遺言者に交付されます。

　遺言公正証書の原本の保存期間は、原則として20年ですが、遺言者の同意のある場合は、その保存期間を5年を下らない期間に短縮することができるとされています。公証人役場で原本の保存期間中であれば、正本や謄本を紛失した場合でも、原本の写し（謄本）の交付を受けることができます。

Q42 秘密証書の遺言書の作り方は、どのようにするのですか

1 秘密証書遺言とは

　秘密証書遺言とは、遺言者が自己または第三者の作成した遺言書に署名押印し、その遺言書を封筒に封入して遺言書に用いた印鑑で封印のうえ封紙に遺言者・公証人・証人の署名押印をすることにより成立する遺言をいいます。

　秘密証書遺言は、遺言の存在は明確にしておいて、遺言の内容を遺言者の生存中は秘密にしたい場合に利用されます。公正証書遺言と同様に言語機能障害者（口がきけない者）の秘密証書遺言についても通訳人の通訳による申述によることが認められています。

　遺言の内容は秘密にできますが、遺言の存在は公証人や証人に知られてしまいます。遺言書の偽造や変造のおそれはないが、隠匿や未発見のおそれはあります。封印された遺言書の内容の解釈をめぐって後日に問題となる場合が生じます。公証人役場では保管しないので、遺言者が保管方法を考える必要があります。家庭裁判所での遺言書の検認も必要になります。

2 秘密証書遺言の作成

　秘密証書遺言も民法の定める方式に従って作成しなければ遺言の効力を生じません。秘密証書遺言の作成には、次の要件を満たすことが必要です。

> 秘密証書遺言の要件
> ① 遺言者が、遺言書に署名し押印すること
> ② 遺言者が、遺言書を封筒に封入し、遺言書に押印した印鑑で封印すること
> ③ 遺言者が、公証人1人と証人2人以上の前に封書を提出して、

> 自分の遺言書である旨と遺言書を書いた人の氏名・住所を申し述べること
> ④ 公証人が、遺言書を提出した日付と遺言者の申述を封紙に記載した後、遺言者と証人とともに封紙に署名し押印すること

言語機能障害者（口がきけない者）が秘密証書によって遺言をする場合には、上記の方式は次のように修正されます。

> ① 口がきけない者が秘密証書によって遺言をする場合には、遺言者は、公証人と証人の前で、その遺言書は自分の遺言書である旨とそれを書いた者の氏名・住所を通訳人の通訳により申述し、または封紙に自書（自分で書くこと）して、申述に代えます。
> ② 上の場合に、遺言者が通訳人の通訳により申述したときは、公証人は、その旨を封紙に記載します。
> ③ 上の場合に、遺言者が封紙に自書したときは、公証人は、その旨を封紙に記載して、申述に代えます。

Q43 遺言書の保管は、どうするのですか

1 遺言書の保管

　自筆証書、公正証書、秘密証書の普通方式の遺言のうち、公正証書遺言は、その原本が公証人役場に保存されますから、遺言者が遺言書の正本（原本と同じ効力のあるもの）や謄本（原本の全部の写し）を紛失しても原本の写しの交付を受けられますが、自筆証書遺言や秘密証書遺言の場合には、遺言者自身が確実に保管する必要があります。

　自筆証書遺言や秘密証書遺言の遺言書の保管方法について民法は何らの規定もしていませんから、どんな方法で保管してもかまいません。しかし、せっかく遺言書を作成したのに遺言書が発見されずに終わったのでは遺言書の作成が無意味となりますから、遺言書の保管方法は極めて重要なことです。遺言書の保管の方法は、一般論でいえば、遺言書の紛失・偽造・変造を防ぎ、かつ、遺言者の死亡後は、容易に発見されるような安全確実な方法で保管する必要があります。

2 遺言書の保管方法の例

　実際に行われている遺言書の保管方法の例には、次のようなものがあります。

> (1) 遺言者が遺言書で指定した「遺言執行者」に保管してもらう。
> (2) 信頼のおける友人や知人に保管してもらう。
> (3) 銀行などの金融機関の貸金庫に保管する。
> (4) 遺言者の自宅の金庫や机の引出しに保管する。
> (5) 信託銀行の遺言信託を利用する。
> (6) 主な遺産を相続させる相続人に保管させる。

(7) 受遺者（遺贈を受ける者）に保管してもらう。

Q44 遺言執行者は、どんなことをするのですか

1 遺言執行者とは

　遺言執行者とは、遺言者の死亡後に遺言の内容を確実に実現するために相続財産の管理その他の遺言の執行に必要な一切の行為をする権利義務を有する者をいいます。遺言執行者がいる場合は、相続人は、相続財産の処分その他遺言の執行を妨げる行為をすることはできません。相続人が相続財産を勝手に処分した場合は、その処分は無効となります。

　遺言の内容には、①遺産の分割禁止のように執行の必要のないものもありますが、②子の認知の届け出、相続人の廃除や廃除の取消のように遺言執行者だけが執行できるものがあります。遺言執行者がしなければならない場合（例えば、廃除の取消）に、遺言執行者がいないときは、相続人その他の利害関係人の請求によって家庭裁判所が遺言執行者を選任する必要があります。

　遺言によって遺言執行者を必ず指定しなければならないものではありませんが、遺言の内容を確実に実現するためには遺言で遺言執行者を指定しておく必要があります。

2 遺言執行者の選任

　遺言執行者の選任は、遺言者が、遺言によって1人または複数の者を指定することができるほか、遺言で遺言執行者の指定を第三者に委託することもできます。遺言で遺言執行者の指定を委託された者は、遅滞なく遺言執行者を指定して相続人に通知する必要があります。しかし、指定を委託された者が、その委託を断る場合には、遅滞なく、その旨を相続人に通知する必要があります。

　遺言で遺言執行者の指定を受けた者は、就職（遺言執行者の職に就くこ

と）を承諾するかどうかは自由ですが、承諾するかどうかの確答をしない場合は、相続人その他の利害関係人は、相当の期間を定めてその期間内に確答をするように催告（催促）をすることができます。遺言執行者が、その期間内に相続人に確答をしない場合は、就職を承諾したものとみなされます。遺言執行者が就職を承諾した場合には、直ちにその任務を行う必要があります。

遺言での遺言執行者の指定のない場合や遺言執行者がいなくなった場合には、家庭裁判所は、相続人その他の利害関係人の請求によって遺言執行者を選任することができます。

遺言執行者には、未成年者（満20歳未満の者）と破産者（破産宣告を受け破産手続が行われている者）はなることはできません。しかし、これ以外の資格の制約はありませんから、相続人でも遺言執行者となることができます。いったん遺言執行者に選任されても欠格事由に該当すると当然にその地位を失います。

遺言執行者がその任務を怠ったとき、その他正当な事由があるときは、相続人その他の利害関係人は、その解任を家庭裁判所に請求することができます。

遺言執行者は、正当な事由があるときは、家庭裁判所の許可を得て、その任務を辞任することができます。例えば、勤務先から外国勤務を命じられたような場合です。

3　遺言執行者の権利義務

遺言執行者は、相続財産の管理その他遺言の執行に必要な一切の行為をする権利義務を有するとされています。遺言執行者が複数いる場合には、遺言で別段の意思表示をしている場合を除き、その任務の執行は過半数を決することになります。しかし、保存行為（例えば、家の小修理）は各遺言執行者が単独で行うことができます。

遺言執行者は相続人の代理人とみなされています。遺言執行者は、本来、遺言者の代理人とすべきものですが、遺言者は死亡しているため相続人の

代理人とみなしたものです。

　遺言執行者が就職を承諾したときは、直ちにその職務を行う必要があります。遺言執行者は、遅滞なく、相続財産の目録を作成して相続人に交付しなければなりません。この場合に相続人の請求があるときは、その立会いをもって財産目録を調製しまたは公証人に調製させなければなりません。この財産目録は、遺言が特定の相続財産に関する場合には、その財産についてのみ作成すればよいとされています。

　遺言執行者は、やむを得ない事由がなければ、第三者にその任務を行わせることはできません。もっとも、遺言者が遺言でこれと異なる意思表示をしている場合は、それに従います。

4　相続人の妨害行為

　遺言執行者のいる場合には、相続人は、相続財産の処分その他の遺言の執行を妨害する行為をすることはできません。例えば、遺贈の目的の土地を相続人が勝手に第三者に売却処分をした場合には、その処分行為は無効となります。この処分行為には、遺言で遺言執行者として指定された者が就職の承諾をする前の処分行為も含まれます。

　相続人の処分行為が無効となる場合でも、遺言執行者が、相続人の無効の処分行為を事後に追認（効力のない行為に効力を生じさせること）した場合には有効となります。

　遺言執行者は相続財産の管理その他遺言の執行に必要な一切の行為をする権利義務を有するとされていますから、相続人が、遺言の執行を妨害したのでは遺言の公正な実現が不可能になります。従って、例えば、相続人が遺贈の目的の土地を第三者に売り渡して登記をした場合でも、その処分行為は無効とされますから、受遺者（遺贈を受けた者）は、登記がなくても所有権取得を主張することができます。要するに、登記が無効とされるので、受遺者が権利を主張できるのです。

Q45 遺言の撤回は、どのようにするのですか

1 遺言の撤回

遺言をした者は、いつでも、何らの理由がなくても、遺言の全部または一部を遺言の方式に従って自由に撤回することができます。遺言は遺言者の最終の意思を尊重しようというものですから、遺言者は、いつでも、何らの理由がなくても、何回でも、自由に遺言を撤回することができるものとしたのです。ただし、遺言の撤回は、遺言の方式に従ってなされる必要があります。しかし、前の遺言の方式と同じ方式による必要はありません。例えば、前の公正証書遺言を後の自筆証書遺言によって撤回することもできるのです。

遺言の撤回の自由を確保するために、遺言者は、遺言の撤回権を放棄することはできないとされています。従って、遺言者と相続人の間で遺言の撤回をしない約束があったとしても、遺言者は自由に遺言の撤回ができるのです。遺言者と相続人の間で遺言の撤回をしないという契約を結んでも、無効となるのです。

2 法定撤回（撤回の擬制）とは

遺言がなされた後に次のような一定の事実があった場合には、遺言者の真意を問わず遺言の撤回があったものとみなされます。これを法定撤回とか、撤回の擬制といいます。

> 遺言が撤回されたものとみなされる場合（法定撤回）
> ① 前の遺言の内容と後の遺言の内容とが抵触（互いに矛盾すること）するときはその抵触する部分については、後の遺言で前の遺言を撤回したものとみなされます。

> ② 遺言者が遺言をした後に、その遺言の内容と抵触する生前の処分その他の法律行為をした場合には、その遺言の抵触する部分を撤回したものとみなされます。
> ③ 遺言者が故意に遺言書を破棄した場合には、その破棄した部分については遺言を撤回したものとみなされます。
> ④ 遺言者が故意に遺贈の目的物を破棄した場合には、その破棄した部分については遺言を撤回したものとみなされます。

撤回によって、その遺言は初めからなかったのと同様になります。

3　第2の遺言の撤回後の第1の遺言の復活は

　第1の遺言を撤回する第2の遺言が、さらに撤回されまたは効力を失った場合に、第1の遺言が復活するかどうかが問題となりますが、民法は、復活しないとしています。この場合には、改めて遺言書を作成したほうが、遺言者の真意を明確にできるからです。ただし、例外として、第2の遺言の撤回が詐欺または強迫によってなされた場合には、前の第1の遺言に戻る意思が明白であることから、第1の遺言が復活することになります。

　更に、第1の遺言を撤回した第2の遺言が遺言書の破棄（破り捨てるなど）によって撤回された場合には、破棄された部分については、遺言を撤回したものとみなされるので、第1の遺言が復活します。

4　遺言が無効となる場合

　遺言が無効となる場合としては、①民法に定める方式によらない遺言、②満15歳未満の者の遺言、③遺言のできない事項についての遺言、④公の秩序・善良の風俗（公序良俗）に反する内容の遺言、⑤意思表示の重要な部分につき錯誤のある遺言、⑥被後見人が後見の計算の終了前にした後見人またはその配偶者もしくは直系卑属の利益となる遺言（この場合は後見人が被後見人に対して不当な影響を与えるおそれがあるので、被後見人の遺言を無効としている）があります。

この場合、遺言が取消される場合としては、詐欺または強迫による遺言があります。遺言者自身が取り消すことができるほか遺言者の死亡後は遺言者の相続人も取り消すことができます。遺言者は生前は自由に遺言を撤回することができますから、遺言者自身の取消権は重要な意味を持ちません。遺言者は生前に遺言の撤回をすればよいのです。

Q46 遺言書の検認と開封とは、どんなことですか

1 遺言書の検認と開封とは

　遺言書の保管者または保管者がいない場合の遺言書を発見した相続人は、相続の開始を知った後、遅滞なく、遺言書を相続開始地（被相続人の最後の住所地）の家庭裁判所に提出して検認を受ける必要があります。ただし、公正証書遺言には検認は不要です。

　検認とは、家庭裁判所が遺言書の存在と内容を確認することをいいます。検認は、遺言書の内容の真否とか、有効無効を判定するものではありません。検認を受けても遺言の効力は確定しませんし、検認を受けなくても遺言が無効となることはありません。

　封印のある遺言書の場合には、相続開始地の家庭裁判所において相続人またはその代理人の立会いをもってしなければ、遺言書を開封することができません。

　家庭裁判所への遺言書の提出を怠り、家庭裁判所の検認を受けないで遺言を執行したりまたは家庭裁判所外において遺言書の開封をした者は、5万円以下の過料に処せられますが、遺言書が無効となることはありません。これらの手続を怠っても、過料の制裁はありますが、遺言書の効力には影響はないのです。

2 遺言書の検認の申立

　遺言書の検認の申立は、家事審判法の規定に従って相続開始地（被相続人の最後の住所地）の家庭裁判所に申立をします。申立の用紙（巻末資料10）は家庭裁判所の申立書受付係で無料で交付を受けられます。記入見本も受付窓口に備付けられていますから、記入見本を参考にして記入します。申立の用紙は一般の「家事審判・調停申立書」用紙のほかに、簡単に記入

のできる「遺言書検認申立書」用紙が準備されています。申立費用として、遺言書または封書1通につき収入印紙800円分と家庭裁判所の指定する郵便切手（約800円分）が必要になります。申立書の添付書類として、申立人・遺言者・相続人全員・受遺者の各戸籍謄本、遺言者の自筆を証する書面を添付します。遺言書の原本は検認をする期日に持参します。

　封印している遺言書の開封は、検認の手続の中で行われますから、検認の申立のほかに開封の申立をする必要はありません。

Q47 特別方式の遺言とは、どういうことですか

1 一般危急時遺言

一般危急時遺言（死亡危急時遺言）の遺言書の作成要件は、次の通りです。

> ① 遺言者が、疾病その他の事由によって死亡の危急に迫っていること
> ② 証人3人以上の立会いがあること
> ③ 遺言者が遺言の趣旨を証人の1人に口述すること
> ④ 口述を受けた証人が、これを筆記して、遺言者と他の証人に読み聞かせまたは閲覧させること
> ⑤ 各証人が筆記の正確なことを承認した後に署名し押印すること

この場合の遺言は、遺言の日から20日以内に証人の1人または利害関係人から家庭裁判所に請求してその確認を得なければ効力がないとされています。家庭裁判所の検認は必要です。

2 遭難船舶危急時遺言（船舶遭難者遺言）の遺言書の作成要件は、次の通りです。

> ① 船舶遭難の場合で、船舶中に在る者が死亡の危急に迫っていること
> ② 証人2人以上の立会いがあること
> ③ 遺言者が口頭で遺言をすること
> ④ 証人が遺言の趣旨を筆記して遺言書に署名し押印すること

この場合の遺言は、証人の1人または利害関係人から遅滞なく家庭裁判所に請求してその確認を得なければ効力がないとされています。家庭裁判所の検認は必要です。

3　伝染病隔離者遺言の遺言書の作成要件

　伝染病隔離者遺言の遺言書の作成要件は、次の通りです。

> ①　伝染病のため行政処分によって交通を断たれた場所に在る者であること
> ②　警察官1人と証人1人以上の立会いがあること
> ③　遺言者または第三者が遺言書を作成すること（代筆でもよい）
> ④　遺言者、筆記者（遺言を書いた者）、警察官、証人が各自署名押印すること

　家庭裁判所の確認は不要とされています。伝染病以外の理由による行政処分の場合も同様と解されています。

　家庭裁判所の検認は必要です。

4　船舶隔絶地遺言（在船者遺言）の遺言書の作成要件

　船舶隔絶地遺言（在船者遺言）の遺言書の作成要件は、次の通りです。

> ①　船舶中に在る者であること
> ②　船長または事務員1人と証人2人以上の立会いがあること
> ③　遺言者または第三者が遺言書を作成すること（代筆でもよい）
> ④　遺言者、筆記者（遺言を書いた者）、立会人、証人が各自署名押印すること

　家庭裁判所の確認は不要とされています。

　家庭裁判所の検認は必要です。

5　特別方式の遺言の効力

　以上の特別方式（①一般危急時遺言、②遭難船舶危急時遺言、③伝染病隔離者遺言、④船舶隔絶地遺言）による遺言は、遺言者が普通方式（①自筆証書遺言、②公正証書遺言、③秘密証書遺言）による遺言をすることができるようになってから6カ月間生存するときは、その遺言の効力を失います。特別方式は、やむを得ない特別の事情がある場合に限り認められる簡易な方式であることから、遺言者の真意を確保するという点で不完全であり、後日に紛争を生ずるおそれがあるからです。

　以上の特別方式の場合は、いずれも家庭裁判所の検認は必要です（家庭裁判所の検認が不要とされているのは、遺言書の7つの方式の中の公正証書遺言のみに限られています）。

巻末資料●

1 老齢給付裁定請求書書式

2 遺族給付裁定請求書書式

3 障害給付裁定請求書書式

巻末資料3 ── 障害給付裁定請求書書式

4 老人保健・医療受給者証書式

左右続いていて、上段が表面、下段が裏面。

医療の記録（五）			医療の記録（六）		
医療機関名 所在地・電話	外来・入退院 年　月　日	その他 必要事項	医療機関名 所在地・電話	外来・入退院 年　月　日	その他 必要事項

（裏

医療の記録（一）			医療の記録（二）		
医療機関名 所在地・電話	外来・入退院 年　月　日	その他 必要事項	医療機関名 所在地・電話	外来・入退院 年　月　日	その他 必要事項

医療の記録（七）		
医療機関名 所在地・電話	外来・入退院 年　月　日	その他 必要事項

老人保健法　医療受給者証

市　町　村　番　号	
受　給　者　番　号	
受給者　居　住　地	
氏　　　名	
生　年　月　日	年　月　日　男・女
一部負担金 の　割　合	
法第25条第1項 第2号の認定年月日	年　月　日
発　効　期　日	平成　年　月 日から有効
発行機関名 及　び　印	
交　付　年　月　日	年　月　日

面）

医療の記録（三）		
医療機関名 所在地・電話	外来・入退院 年　月　日	その他 必要事項

医療の記録（四）		
医療機関名 所在地・電話	外来・入退院 年　月　日	その他 必要事項

5　介護保健・要介護等・認定申請書書式

介護保険　要介護（更新）／要支援（更新）　認定申請書

高松市長　殿
次のとおり申請します。

申請年月日　平成　年　月　日

申請者の氏名		被保険者との関係	
申請者の住所	〒　　　　　　　　　　　　　　電話番号 （この欄は、申請者が被保険者の場合は、記入不要です。）		
提出代行者の名称 法人にあっては、名称および代表者の氏名	該当するものに○（指定居宅介護支援事業者・指定介護老人福祉施設・介護老人保健施設・指定介護療養型医療施設）　　　　　　　　　　　　　　　　　㊞		

被保険者

被保険者番号				
フリガナ		生年月日	明・大・昭　年　月　日	
氏　名		性　別	男・女	
住　所	〒　　　　　　　　　　　　電話番号			
前回の要介護認定の結果等 要介護・要支援の更新認定の場合のみ記入すること。	要介護状態区分　　1　2　3　4　5　　要支援 有効期間　平成　年　月　日から平成　年　月　日まで			
介護保険施設への入所の有無 （短期入所を除く）	有　入所施設名 　　所在地 無			

主治医	氏　名		医療機関の名称	
	医療機関の所在地	〒　　　　　　　　　　　　電話番号		

第2号被保険者（40歳以上65歳未満の医療保険加入者）は、次の欄に記入するとともに、申請の際、医療保険被保険者証等を提示してください。

医療保険者名		医療保険被保険者証等の記号番号	
特定疾病名			

介護サービス計画を作成するために必要があるときは私の要介護認定・要支援認定に係る調査内容、介護認定審査会による判定結果・意見および主治医等の意見書が指定居宅サービス事業者、指定居宅介護支援事業者または介護保険施設の関係人に、主治医意見書を提出した医師または認定調査に従事した調査員から請求があったときは介護認定審査会による私の判定結果が当該医師または当該調査員に、それぞれ提示されることに同意します。

被保険者＿＿＿＿＿＿＿＿＿＿＿＿＿㊞

※　下記の欄については、記入する必要はありません。

入力確認	資格者証	2号確認

（　新規・更新　）（　要支援変更　）

6　介護保健・主治医意見書書式

保険者番号　　　被保険者番号　　　　　　　04　0001　　　5120

主治医意見書

記入日　平成　年　月　日

申請者	(ふりがな)		男・女	〒 －
	明・大・昭　年　月　日生（　歳）			連絡先　（　）

上記の申請者に関する意見は以下の通りです。
本意見書が介護サービス計画作成に利用されることに

□ 同意する。　　□ 同意しない。

作成予定医師コード　□□□□□□□
予定医師氏名
作成実績医師コード　□□□□□□□

医師氏名
医療機関名　　　　　　　　　　　　　　　　　電話　（　）
医療機関所在地　　　　　　　　　　　　　　　FAX　（　）

(1)最終診察日	平成　年　月　日
(2)意見書作成回数	□ 初回　　□ 2回目以上
(3)他科受診の有無	□ 有　　□ 無 （有の場合）→ □内科 □精神科 □外科 □整形外科 □脳神経外科 □皮膚科 □泌尿器科 □婦人科 □眼科 □耳鼻咽喉科 □リハビリテーション科 □歯科 □その他（　　）

1. 傷病に関する意見

(1)診断名（特定疾病または障害の直接の原因となっている傷病名については1.に記入）及び発症年月日
1. ＿＿＿＿＿＿＿＿＿＿＿＿＿＿＿＿＿　発症年月日（昭和・平成　　年　月　日頃）
2. ＿＿＿＿＿＿＿＿＿＿＿＿＿＿＿＿＿　発症年月日（昭和・平成　　年　月　日頃）
3. ＿＿＿＿＿＿＿＿＿＿＿＿＿＿＿＿＿　発症年月日（昭和・平成　　年　月　日頃）

(2)症状としての安定性　　　　　　　　　□安定　　□不安定　　□不明
(3)介護の必要の程度に関する予後の見通し　□改善　　□不変　　□悪化
(4)障害の直接の原因となっている傷病の経過及び投薬内容を含む治療内容
（最近6ヶ月以内に変化のあったもの及び特定疾病についてはその診断の根拠等について記入）

2. 特別な医療（過去14日間以内に受けた医療のすべてにチェック）

処置内容	□点滴の管理　□中心静脈栄養　□透析　□ストーマの処置　□酸素療法 □レスピレーター　□気管切開の処置　□疼痛の看護　□経管栄養
特別な対応 失禁への対応	□モニター測定（血圧、心拍、酸素飽和度等）　□褥瘡の処置 □カテーテル（コンドームカテーテル、留置カテーテル等）

3. 心身の状態に関する意見

(1)日常生活の自立度等について
・障害老人の日常生活自立度（寝たきり度）　□正常 □J1 □J2 □A1 □A2 □B1 □B2 □C1 □C2
・痴呆性老人の日常生活自立度　　　　　　　□正常 □Ⅰ □Ⅱa □Ⅱb □Ⅲa □Ⅲb □Ⅳ □M

(2)理解及び記憶
・短期記憶　　　　　　　　　　　　　□問題なし　□問題あり
・日常の意思決定を行うための認知能力　□自立　□いくらか困難　□見守りが必要　□判断できない
・自分の意思の伝達能力　　　　　　　□伝えられる　□いくらか困難　□具体的要求に限られる　□伝えられない
・食事　　　　　　　　　　　　　　　□自立ないし何とか自分で食べられる　　□全面介助

(3)問題行動の有無（該当する項目全てチェック）
□有　□無
（有りの場合）→ □幻視・幻聴　□妄想　□昼夜逆転　□暴言　□暴行　□介護への抵抗　□徘徊
□火の不始末　□不潔行為　□異食行動　□性的問題行動　□その他（　　）

※折り曲げ厳禁

保険者番号　被保険者番号　　　　　　　　　　　　0 4　0 0 0 2　(　　　)　5320

(4) 精神・神経症状の有無
☐ 有 (症状名　　　　　　　　　　　)　☐ 無
(有の場合) → 専門医受診の有無　☐ 有 (　　　　　)　☐ 無

(5) 身体の状態
利き腕　(☐ 右 ☐ 左)　体重　　　kg　身長　　　cm　凡例

	(部位：　　　)	程度：	☐ 軽	☐ 中	☐ 重	
☐ 四肢欠損	(部位：　　　)	程度：	☐ 軽	☐ 中	☐ 重	
☐ 麻痺	(部位：　　　)	程度：	☐ 軽	☐ 中	☐ 重	
☐ 筋力の低下	(部位：　　　)	程度：	☐ 軽	☐ 中	☐ 重	
☐ 褥瘡	(部位：　　　)	程度：	☐ 軽	☐ 中	☐ 重	
☐ その他皮膚疾患	(部位：　　　)	程度：	☐ 軽	☐ 中	☐ 重	

☐ 関節の拘縮　・肩関節 ☐ 右 ☐ 左　・股関節 ☐ 右 ☐ 左
　　　　　　　・肘関節 ☐ 右 ☐ 左　・膝関節 ☐ 右 ☐ 左
☐ 失調・不随意運動　・上肢 ☐ 右 ☐ 左　・体幹 ☐ 右 ☐ 左
　　　　　　　　　　・下肢 ☐ 右 ☐ 左

4. 介護に関する意見

(1) 現在、発生の可能性が高い病態とその対処方針
☐ 尿失禁　☐ 転倒・骨折　☐ 徘徊　☐ 褥瘡　☐ 嚥下性肺炎　☐ 腸閉塞　☐ 易感染性
☐ 心肺機能の低下　☐ 痛み　☐ 脱水　☐ その他 (　　　　　)
→ 対処方針 (　　　　　　　　　　　　　　　　　　　　　　　　)

(2) 医学的管理の必要性 (特に必要性の高いものには下線を引いて下さい)
☐ 訪問診療　　　　　　☐ 短期入所療養介護　　☐ 訪問栄養食事指導
☐ 訪問看護　　　　　　☐ 訪問歯科診療　　　　☐ その他 (　　　　　)
☐ 訪問リハビリテーション　☐ 訪問歯科衛生指導
☐ 通所リハビリテーション　☐ 訪問薬剤管理指導

(3) 介護サービス (入浴サービス、訪問介護等) における医学的観点からの留意事項
・血圧について　☐ 特になし　☐ あり (　　　　　　　　　　)
・嚥下について　☐ 特になし　☐ あり (　　　　　　　　　　)
・摂食について　☐ 特になし　☐ あり (　　　　　　　　　　)
・移動について　☐ 特になし　☐ あり (　　　　　　　　　　)
・その他 (　　　　　　　　　　　　　　　　　　　　　　　　)

(4) 感染症の有無 (有りの場合は具体的に記入して下さい)
☐ 有 (　　　　　　　　　)　☐ 無　☐ 不明

5. その他特記すべき事項
要介護認定に必要な医学的なご意見等をご記載して下さい。なお、専門医等に別途意見を求めた場合はその内容、結果も記載して下さい。(情報提供書や身体障害者申請診断書の写し等を添付して頂いても結構です。)

※折り曲げ厳禁

7 介護保健・認定調査票書式

8　相続放棄申述書の書式

(別紙様式第8)

　　　　　　　　　　　　受付印

相 続 放 棄 申 述 書

(この欄に収入印紙600円をはる。)

収入印紙	円
予納郵便切手	円

(はった印紙に押印しないでください。)

準口頭		関連事件番号　平成　　年(家　　)第　　　　　　　　　　　号

東京家庭裁判所 　　　　　　御中 平成〇〇年〇月〇日	申述人 (未成年者な どの場合は 法定代理人) の署名押印	㊞

添付書類	申述人・法定代理人等の戸籍謄本　1通　　　被相続人の戸籍謄本　1通

申述人	本　籍	東京　㊞道／府県　〇〇区〇〇町〇丁目〇番地			
	住　所	〒〇〇〇-〇〇〇〇 東京都〇〇区〇〇町〇丁目〇番地		電話　〇〇(〇〇〇)〇〇〇〇 (　　　　　　　　　方)	
	フリガナ 氏　名	ソウゾク　タロウ 相続　太郎	大正 ㊐昭和　〇年〇月〇日生 平成	職　業	会社員
	被相続人 との関係	被相続人の……① 子　　2 孫　　3 配偶者　　4 直系尊属(父母・祖父母) 　　　　　　　5 兄弟姉妹　6 おいめい　7 その他(　　　　　　　　)			

法定代理人等	※ 1 親権者 2 後見人 3	住　所	〒　　- 　　　　　　　　　　　　　　　　電話　　(　　　) (　　　　　　　方)	
		フリガナ 氏　名		フリガナ 氏　名

被相続人	本　籍	東京　㊞道／府県　〇〇区〇〇町〇丁目〇番地		
	最後の 住　所	東京都〇〇区〇〇町〇丁目〇番地	死亡当時 の職業	無職
	フリガナ 氏　名	ホウキ　ハナコ 放棄　花子	平成　〇年〇月〇日死亡	

(注)　太枠の中だけ記入してください。　※の部分は、当てはまる番号を〇で囲み、被相続人との関係欄の7、法定代理人等欄の3を選んだ場合には、具体的に記入してください。

申　述　の　趣　旨
相　続　の　放　棄　を　す　る　。

申　述　の　実　情		
※　相続の開始を知った日…………平成　◯年　◯月　◯日 　　① 被相続人死亡の当日　　　　3　先順位者の相続放棄を知った日 　　2　死亡の通知をうけた日　　　　4　その他（　　　　　　　　　　　）		
放　棄　の　理　由	相　続　財　産　の　概　略	
※ 1　被相続人から生前に贈与を受けている。 ②　生活が安定している。 3　遺産が少ない。 4　遺産を分散させたくない。 5　債務超過のため 6　その他（　　　　　）	資 産	農　地……約＿＿＿平方メートル　　現　金………約◯◯◯万円 　　　　　　　　　　　　　　　　預貯金 山　林……約＿＿＿平方メートル　　有価証券……約＿＿＿万円 宅　地……約◯◯平方メートル 建　物……約◯◯平方メートル
	負　　債……………………………約＿＿＿＿◯◯万円	

（注）　太枠の中だけ記入してください。　※の部分は，当てはまる番号を◯で囲み，申述の実情欄の4，放棄の理由欄の6を選んだ場合には，（　）内に具体的に記入してください。

9 相続の限定承認の申述書の書式

(別紙様式第15)

受付印	家事 審判 申立書 事件名（ 相続の限定承認 ） 調停
収入印紙　　　円 予納郵便切手　円 予納登記印紙　円	この欄に収入印紙をはる。 1件について甲類審判600円 　　　　　　乙類審判900円 　　　　　　調　　停900円 （はった印紙に押印しないでください。）

準口頭		関連事件番号　平成　　年（家　）第　　　　　　　　　　号

東京家庭裁判所　　御中 平成○○年○月○日	申立人（又は法定代理人など）の署名押印又は記名押印	相続　太郎 相続　次郎　　　㊞

添付書類	申立人の戸籍謄本　2通　　相手方の戸籍謄本　　通 被相続人の戸籍謄本、財産目録各1通

申述人	本　籍	東京　㊞道／府県　○○区○○町○丁目○番地
	住　所	〒○○○-○○○○　　　　　電話 ○○（○○○）○○○○ 東京都○○区○○町○丁目○番地　（　　　　　　方）
	連絡先	〒　　－　　　　　　　　　　　電話　　（　　　） （　　　　　方）
	フリガナ 氏　名	ソウゾク　タロウ 相続　太郎	大正 ㊞昭和　○年○月○日生 平成
	職　業	会社員

※ 申述人	本　籍	東京　㊞道／府県　○○区○○町○丁目○番地
	住　所	〒○○○-○○○○　　　　　電話 ○○（○○○）○○○○ 東京都○○区○○町○丁目○番地　（　　　　　　方）
	連絡先	〒　　－　　　　　　　　　　　電話　　（　　　） （　　　　　方）
	フリガナ 氏　名	ソウゾク　ジロウ 相続　次郎	大正 ㊞昭和　○年○月○日生 平成
	職　業	会社員

(注)　太枠の中だけ記入してください。　※の部分は、申立人、相手方、法定代理人、事件本人又は利害関係人の区別を記入してください。

※	本　籍	都 道 府 県	申述人の本籍と同じ			
被相続人	住　所	〒　－　　　　　　　　　　　　電話　　（　　　） 申述人の住所と同じ　　　　　　　　　　　　　（　　　　方）				
	連絡先	〒　－　　　　　　　　　　　　電話　　（　　　） 　　　　　　　　　　　　　　　　　　　　　　（　　　　方）				
	フリガナ 氏　名	ソウゾク　ソウイチロウ 相続　総一郎		大正 ㊎昭和 平成	○年○月○日生	
	職　業	無職				

申　　立　　て　　の　　趣　　旨
被相続人の限定承認をします。

申　　立　　て　　の　　実　　情
1　申述人らは被相続人の子であり、相続人は申述人両名だけです。 2　被相続人は平成○年○月○日死亡し、即日申述人らは相続が開始したことを知りました。 3　被相続院の遺産は、別紙財産目録記載のとおりであります。しかし、相当の債務もありますので、申述人らは相続によって得た財産の限度で債務を弁済することにいたしたく限定承認を申述します。 　　なお、相続財産管理人には、申述人相続太郎を選任されたく上申します。

(注)　太枠の中だけ記入してください。

10 遺言書検認申立書の書式

記載例

受付印	家　事　審　判　申　立　書　事件名（　遺言書の検認　　）
	調　停
	この欄に収入印紙６００円分をはる。
収入印紙　　　　円	
予納郵便切手　　円	（はった印紙に押印しないでください。）

準口頭	関連事件番号　平成　　　年（家　　）第　　　　　　　　　号

東　京　家　庭　裁　判　所 御　中 平成　〇〇年　〇月　〇日	申立人（又は法定代理人など）の署名押印又は記名押印	相続　一郎　　　　　　㊞

添付書類	申立人の戸籍謄本　　　通　　相手方の戸籍謄本　　　通

申立人	本　籍	東京 ㊞道／府県 〇〇区〇〇町〇丁目〇番地		
	住　所	〒〇〇〇－〇〇〇〇 東京都〇〇区〇〇町〇丁目〇番地	電話　〇〇（〇〇〇）〇〇〇〇 （　　　　　　　　方）	
	連絡先	〒 同　上	電話　（　　　） （　　　　　　　　方）	
	フリガナ 氏　名	ソウゾク　イチロウ 相続　一郎	大正 昭和　〇年〇月〇日生 平成	
	職　業	会社員		

※ 遺言者	本　籍	東京 ㊞道／府県 〇〇区〇〇町〇丁目〇番地	
	最後の 住　所	〒　－ 申立人住所と同じ	電話　（　　　） （　　　　　　　　方）
	連絡先	〒　－	電話　（　　　） （　　　　　　　　方）
	フリガナ 氏　名	ソウゾク　タロウ 相続　太郎	大正 昭和　〇年〇月〇日生 平成
	職　業		

（注）　太枠の中だけ記入してください。　※の部分は，申立人，相手方，法定代理人，事件本人又は利害関係人の区別を記入してください。

記載例

申立ての趣旨
遺言者の自筆証書による遺言書一通の検認を求めます。

申立ての実情
1　申立人は、遺言者から、平成12年1月に遺言書を預かり、申立人の自宅金庫に保管していました。
2　遺言者は、平成12年11月3日に死亡しましたので、遺言書（封印されている）の検認を求めます。なお、相続人は、別紙の相続人目録のとおりです。

（別紙相続人目録）

※相続人	本　籍	東京 ㊞道府県 ○○区○○町○丁目○番地		
	住　所	〒○○○-○○○○ 東京都○○区○○町○丁目○番地	電話 ○○（○○○）○○○○ （　　　　　方）	
	連絡先	〒　　-　　 同上	電話　　（　　　） （　　　　　方）	
	フリガナ 氏　名	ソウゾク　ジロウ 相続　二郎	大正 ㊞昭和 平成	○年○月○日生
	職　業	会社員		
※相続人	本　籍	東京 ㊞道府県 ○○区○○町○丁目○番地		
	住　所	〒○○○-○○○○ 東京都○○区○○町○丁目○番地	電話 ○○（○○○）○○○○ （　　　　　方）	
	連絡先	〒　　-　　 同上	電話　　（　　　） （　　　　　方）	
	フリガナ 氏　名	ソウゾク　ミツコ 相続　三子	大正 ㊞昭和 平成	○年○月○日生
	職　業	無職		

[著者略歴]

矢野　輝雄（やの　てるお）

1960年、NHK（日本放送協会）入局。番組編成、番組制作、著作権、工業所有権のライセンス契約などを担当。元NHKマネージング・ディレクター。元NHK文化センター講師。現在、矢野行政書士社会保険労務士事務所長、市民オンブズ香川・事務局長

主な著書：『絶対に訴えてやる！』『行政監視・本人訴訟マニュアル』『「逮捕・起訴」対策ガイド』『欠陥住宅被害・対応マニュアル』『自動車事故・対応マニュアル』『ひとりでできる行政監視マニュアル』（以上、緑風出版）、『わかりやすい特許ライセンス契約の実務』『そこが知りたい！知的財産権』（以上、オーム社）、『あなたのための法律相談＜相続・遺言＞』『あなたのための法律相談＜離婚＞』（以上、新水社）、『市民オンブズ活動と議員のための行政法』（公人の友社）、『家裁利用術』（リベルタ出版）ほか

連絡先　矢野事務所　電話087-834-3808／FAX 087-835-1405

定年からの生活マニュアル

2005年9月31日 初版第1刷発行　　　　定価 1900 円＋税

著　者　矢野輝雄 ©
発行者　高須次郎
発行所　緑風出版
　　〒 113-0033　東京都文京区本郷 2-17-5　ツイン壱岐坂
　　〔電話〕03-3812-9420　〔FAX〕03-3812-7262
　　〔E-mail〕info@ryokufu.com
　　〔URL〕http://www.ryokufu.com
　　〔郵便振替〕00100-9-30776

装　幀　堀内朝彦
写　植　R企画　　　　印　刷　モリモト印刷・巣鴨美術印刷
製　本　トキワ製本所　用　紙　大宝紙業
〈検印・廃止〉落丁・乱丁はお取り替えいたします。　　　　　　　E2,000

本書の無断複写（コピー）は著作権法上の例外を除き禁じられています。なお、複写など著作物の利用などのお問い合わせは日本出版著作権協会（03-3812--9424）までお願いいたします。
ISBN4-8461-0515-6　C0036　　　　　　　　　©Teruo Yano, 2004 Printed in Japan

JPCA 日本出版著作権協会
http://www.e-jpca.com/

＊本書は日本出版著作権協会（JPCA）が委託管理する著作物です。
　本書の無断複写などは著作権法上での例外を除き禁じられています。複写（コピー）・複製、その他著作物の利用については事前に日本出版著作権協会（電話 03-3812-9424, e-mail:info@e-jpca.com）の許諾を得てください。

「逮捕・起訴」対策ガイド
市民のための刑事手続法入門
矢野輝雄著

A5判並製
二〇八頁
2000円

万一、あなたや家族が犯人扱いされたり、犯人となってしまった場合、どうすればよいのか？本書はそういう人たちのために、逮捕から起訴、そして裁判から万一の服役までで刑事手続法の一切を、あなたの立場に立って易しく解説。

プロブレムQ&A 逮捕・拘禁セキュリティ
【被疑者・被告人・受刑者たちの人権】
矢野輝雄著

A5判変並製
一八〇頁
1500円

不幸にして「犯人」とされた時、まず私たちに何ができ、何をしなければいけないのか？　職務質問・家宅捜索の対応法、取り調べでの心構えや弁護士選任から、法廷や留置場・拘置所の知識まで、人権擁護のノウハウを満載！

冤罪と国家賠償
沖縄ゼネスト松永国賠裁判
松永国賠を闘う会著／井出孫六解説

四六判上製
二九六頁
2400円

沖縄復帰闘争のなかで警官殺害の犯人にデッチ上げられた青年が無実を勝ち取り、人権補償を求めた二三年の歩み。一青年の人生をズタズタに切り裂きながら、なお国家賠償を拒む国、それを支持する最高裁を指弾する！

監獄法改悪
監獄法研究会編著

四六判上製
三四九頁
2400円

十数年にわたる救援運動の実績をもとに弁護士、医師、活動家が協力し新監獄法＝刑事施設法案を全角度から全面的に批判。同法案、同法修正案、留置施設法案も全文収録！

DNA鑑定
科学の名による冤罪
天笠啓祐／三浦英明著

四六判上製
二〇一頁
2200円

遺伝子配列の個別性を人物特定に応用した「DNA鑑定」が脚光を浴びている。しかし捜査当局の旧態依然たる人権感覚と結びつくとき、様々な冤罪が生み出されている。本書は具体的事例を検証し、問題を明らかにする。

プロブレムQ&A 個人情報を守るために
【瀕死のプライバシーを救い、監視社会を終わらせよう】
佐藤文明著

A5判変並製
二五六頁
1900円

I・T時代といわれ、簡単に情報を入手できる現在、プライバシーを護るにはどうしたらよいか。本書は人権に関する現状や法律を踏まえ、自分を護るための方法や、個人情報保護法案の問題点などをわかりやすく解説する。

◎緑風出版の本

■ 全国のどの書店でもご購入いただけます。
■ 店頭にない場合は、なるべく書店を通じてご注文ください。
■ 表示価格には消費税が加算されます。

ひとりでできる 行政監視マニュアル
矢野輝雄著
四六判並製 二六〇頁 2200円

税金の無駄遣いの監視等は、各自治体の監査委員や議会がすべきですが、「眠る議会と死んだ監査委員」といわれ、何も監視しない状況が続いています。本書は、市民がひとりでもできるように、丁寧に様々な監視手法を説明しています。

行政監視 本人訴訟マニュアル
矢野輝雄著
四六判並製 二六四頁 1800円

カラ出張、カラ接待といったあの手この手の公金不正支出から贈収賄と、役人の不正は止まるところを知らない。こうした輩をやっつけるために、市民がひとりでもできる行政監視の方法やカネのかからない訴訟の方法を解説する。

欠陥住宅被害・対応マニュアル
矢野輝雄著
A5判並製 一七六頁 1900円

欠陥住宅に泣く人は後を絶たない。その上、原因究明や解決となると、時間や費用がかかり、極めて困難だ。本書は一級建築士らが、建築の素人である一般市民でも闘えるように、業者に対抗する知識とノウハウを解説。

絶対に訴えてやる！
――訴えるための知識とノウハウ
矢野輝雄著
A5判並製 一八八頁 1900円

「絶対に訴えてやる！」と思った時一人で裁判にもちこむことも可能。本書は、民事訴訟、家事事件や告訴、告発までの必要な理論と書式、手続をわかりやすく解説すると共に、マニュアルとしてそのまま利用可能。手許に置くべき1冊だ。

自動車事故・対応マニュアル
矢野輝雄著
A5判並製 一八八頁 1900円

交通事故による死傷者数は一〇〇万人を超え、検挙者数も増大している。本書は、被害者、加害者双方の立場から、交通事故や保険の基礎知識の他、事故発生時から損害賠償の最終的解決に至るまでのすべての対応を詳しく解説。

プロブレムQ&A バリアフリー入門
【誰もが暮らしやすい街をつくる】
もりすぐる 著
A5判変並製 168頁 1600円

街づくりや、交通機関、住まいづくりでよく耳にする「バリアフリー」。誰でも年を取れば日常生活に「バリア」を感じることが多くなる。何がバリアなのか、バリアをなくす＝バリアフリーにはどうすればいいのかを易しく解説。

プロブレムQ&A どう超えるのか？ 部落差別
【人権と部落観の再発見】
小松克己・塩見鮮一郎 共著
A5判変並製 240頁 1800円

部落差別はなぜ起こるのか？　本書は被差別民の登場と部落の成立を歴史に追い、近代日本の形成にその原因を探る。また現代社会での差別を考察しつつ、人間にとって差別とは何であるのかに迫り、どう超えるかを考える。

プロブレムQ&A 許されるのか？ 安楽死
【安楽死・尊厳死・慈悲殺】
小笠原信之 著
A5判変並製 264頁 1800円

高齢社会が到来し、終末期医療の現場では安易な「安楽死」ならざる安楽死」も噂される。本書は、安楽死や尊厳死をめぐる諸問題について、その定義から歴史、医療、宗教、哲学まで、さまざまな角度から解説。あなたならどうする？

プロブレムQ&A 性同一性障害って何？
【一人一人の性のありようを大切にするために】
野宮亜紀・針間克己・大島俊之・原科孝雄・虎井まさ衛・内島 豊 著
A5判変並製 264頁 1800円

戸籍上の性を変更することが認められる特例法が国会で可決された。性同一性障害は、海外では広く認知されるようになったが、日本はまだまだ偏見が強く難しい。性同一性障害とは何かを理解し、それぞれの生き方を大切にする書。

プロブレムQ&A 同性愛って何？
【わかりあうことから共に生きるために】
伊藤 悟・大江千束・小川葉子・石川大我・簗瀬竜太・大月純子・新井敏 著
A5判変並製 200頁 1700円

同性愛ってなんだろう？　家族・友人としてどうすればいい？　社会的偏見と差別はどうなっているの？　同性愛者が結婚しようとすると立ちはだかる法的差別？　聞きたいけど聞けなかった素朴な疑問から共生のためのQ&A。

プロブレムQ&A 10代からのセイファーセックス入門
【子も親も先生もこれだけは知っておこう】
堀口貞夫・堀口雅子・伊藤 悟・簗瀬竜太・大江千束・小川葉子 著
A5判変並製 230頁 1700円

学校では、十分な性知識を教えられないのが現状だ。無防備なセックスで望まない妊娠、STD・HIV感染者を増やさないために、正しい性知識と、より安全なセックス＝セイファーセックスが必要。自分とパートナーを守ろう！